내 인생의 주인공으로 사세요!

나는 네트워크 마케팅으로
매일매일 부자로 산다

나는 네트워크 마케팅으로
매일매일 부자로 산다

초판 1쇄 인쇄 2021년 7월 30일
초판 1쇄 발행 2021년 8월 30일

지은이 이수련

펴낸이 우세웅
책임편집 이양이
기획편집 박관수 한희진 김은지
콘텐츠기획·홍보 서해선 황수빈
북디자인 이유진

종이 앤페이퍼
인쇄 (주)다온피앤피

펴낸곳 슬로디미디어그룹
신고번호 제25100-2017-000035호
신고년월일 2017년 6월 13일
주소 서울특별시 마포구 월드컵북로 400, 상암동 서울산업진흥원(문화콘텐츠센터)5층 20호

전화 02)493-7780 | **팩스** 0303)3442-7780
전자우편 slody925@gmail.com(원고투고·사업제휴)
홈페이지 slodymedia.modoo.at | **블로그** slodymedia.xyz
페이스북·인스타그램 slodymedia

ISBN 979-11-6785-022-5 (03320)

애터미
상위 직급자가 쓴
돈 되는 네트워크
사업의 모든 것!

Business
Network Marketing

나는 네트워크 마케팅으로 매일매일 부자로 산다

이수련 지음

슬로디미디어

나는 20대부터 공장에 다니면서 모은 돈으로 러시아에 갔다. 러시아어 전공자가 아니었기에 대학교 입학부터 힘들었지만 다행히 유학생활을 잘 마쳤다. 사람들은 그때의 경험이 지금의 네트워크 마케팅 사업을 진행하는 데 어떤 도움이 되었냐고 묻는다. 나는 네트워크 마케팅 사업을 할 것을 미리 계획하고 러시아로 떠난 것이 아니었다.

러시아에서 보낸 시간은 내 인생 중 가장 아름다운 시간이다. 네트워크 사업에 뛰어든 지 10년 동안 넘치는 사랑을 받았다. 나는 어릴 때부터 어딘가에 얽매이는 것을 싫어했고, 한 번밖에 없는 인생을 낭비하면서 살고 싶지 않았다. 그 누구도 가지 않는 나만의 길을 개척하며 살고 싶다는 갈망이 컸다. 그래서 네트워크 마케팅에 눈을 떴을 때 조금의 망설임도 없었다.

많은 사람들이 유학까지 다녀온 사람이 왜 하필 다단계를 하냐고 입을 모았다. 나는 다른 사람들의 염려가 나의 재정 발전에 도움이 되지 않는다는 것을 알고 있었다. 내 인생의 주인답게 내가 고민하고 선택해서 책임지면 된다고 생각한다. 그 용기 덕분에 요즘처럼 어려운 시기에도 돈에 매여 있지 않게 되었고, 오히려 남을 도와줄 수 있는 위치가 되었다.

나는 어릴 때부터 돈을 많이 버는 것을 지양하는 설교를 들으며 자랐다. 2020년 통계청이 발표한 한국의 사회지표에서는 소득이 백만 원 단위로 더 벌수록 행복 지수가 더 커졌다. 돈은 자본주의 사회에서 인간의 행복에 큰 영향을 미친다. 코로나로 경기가 침체되면서 유래 없는 전 국민적 재테크 열풍이 일어났다. 재테크는 종잣돈을 모아서 계속 굴리는 것이라고 생각한다. 재테크가 어려운 사람들에게는 리스크가 전혀 없는 인적 네트워크를 형성해서 자산을 만드는 네트워크 마케팅이 적합하다.

미국 노벨 경제학상을 받은 대니얼 카너먼 박사는 연소득이 약 8,200만 원이 넘으면 행복 지수는 더 크게 늘지 않는다고 발표했다. 돈으로 행복이 결정되는 것이 아님을 증명한 셈이다. 나는 네트워크 마케팅 사업으로 균형 잡힌 인생을 살고 있다.

이 사업은 서민이 큰돈을 벌 수 있도록 도와주고 시간적 여유도 확보해 주는 장점이 있다. 무엇보다 좋은 사람들과 네트워킹을 하기 때문에 엄청난 소속감을 느낄 수 있었다. 나는 이 업계의 컨설턴트로서 이제 막 사업에 뛰어든 사람들의 고민과 문제를 해결해 주었다. 코로나로 모든 대면 세미나가 중단되면서 내게 또 한 번의 기회가 주어졌다. 갑자기 교육이 없어져 갈팡질팡 맥을 못 잡는 사업자들을 위해 유튜브 채널 〈수련tv〉를 개설해 매주 생방으로 비대면 조회를 진행했다. 현장에서 부딪히는 막연한 문제를 함께 이야기하고, 해결책을 제시하는 방송을 한지 어느덧 일 년이 넘었다.

많은 사업자가 나보다 영업력도 있고 인맥도 많은데 방황하는 모습을 보면서 선배 네트워커로서 진심 어린 조언을 하고 싶었다. 어떤 장에서는 이렇게 솔직하게 적어도 되나? 할 정도로 독자에게 해주고 싶은 말을 가감 없이 실었다. 내가 여기까지 와보니 내가 이 자리까지 와보니 나는 이 사업을 너무 모른 채 시작했다는 생각이 들었다. 이 사업은 자신이 어떤 성격의 일을 하고 있는지, 하루 일과 중 무엇을 해야 하는지를 정확히 알 때 비로소 목표점만 보고 뛸 수 있다.

내가 초보일 때를 생각하면서 독자들이 궁금해 할 것 같은 이야기를 담으려고 노력했다. 책을 쓰면서 내가 얼마나 허물이 많고 독선적인 사람인지를 다시 한 번 깨달았다. 나의 사업 이야기가 많은 이들의 시행착오를 줄이는 데 조금이라도 도움이 되었으면 좋겠다. 이 지면을 빌려 늘 등대와 같이 먼저 길을 내준 스폰서와 파트너에게 감사의 인사를 전한다. 방송마다 응원과 격려를 아끼지 않는 '수련tv' 구독자에게도 인생의 주인공으로 살자는 응원의 말을 남긴다. 끝으로 지금도 매일 보고 싶은 천국에 계신 엄마와 보디빌딩 세계 챔피언을 꿈꾸는 나의 분신 남편, 박기태 님에게 이 책을 바친다.

저자 이수련

차례

| 2부 |

네트워크 마케팅 사업의 본질

| 3부 |

네트워크 마케팅 성공법 I : 멘탈이 강해야 이긴다

| 4부 | 네트워크 마케팅 성공법 Ⅱ : 자기계발을 해야 이긴다

| 5부 | 네트워크 마케팅 성공법 Ⅲ : 기술 개발을 해야 이긴다

| 6부 |

네트워크 마케팅 성공법 Ⅳ : 자기 주도적인 사업자가 되어야 한다

| 7부 |

네트워크 마케팅 성공법 Ⅴ : 조직 구축을 잘해야 성공한다

1부

네트워크 마케팅을 알아야 살아남는다

Network Marketing

온택트 마케팅이 비즈니스로 연결된다

우리의 일상생활은 코로나로 인해 많이 달라졌다. 세계 경제는 한동안 침체되는 듯 보였지만 4차 산업혁명 시대에 각광받는 기술을 가진 기업들이 단숨에 세계 경제를 이끄는 주역이 되었다. 비대면 시기가 장기화되면서 오프라인 매장은 심각한 타격을 받았다. 하지만 최첨단 기술을 가진 기업은 이익을 보았다. 4차 산업혁명은 온라인 교육과 비대면을 활성화시켰다. 바로 이러한 변화를 가장 반기는 분야가 네트워크 마케팅 산업일 것이다. 이제 네트워크 마케팅은 하나의 흐름으로 정착되었으며 미래 산업을 이끄는 마케팅 전략으로 각광받기 시작했다.

사람은 기본 의식주를 해결하며 산다. 코로나를 겪으면서 막연히 '그냥 어떻게든 해결되겠지'라고 생각하는 사고에서 변화가 생겼다. 전문기관의 발표에 따르면 우리나라 성인의 불안 요소 중 1위가 노후 문제이고, 2위는 경제 문제라고 한다. 은퇴를 생각하면 가장 먼저 무엇이 떠오르는가? 선진국 대부분의 시민들은 '행복', '자유', '만족'이라는 긍정적인 응답을 했지만 우리나라 사람들은 '경제적 어려움'이라고 응답했다. 왜 이렇게 다른 대답이 나오게 되었을까? 바로 우리나라 노인의 현실을 살펴보면 쉽게 알 수 있다. 우리나라는 OECD가 발표한 '삶의 만족도' 조사에서 36개 회원국 가운데 29위를 차지했다. 대한민국 노인의 절반 정도가 빈곤층인 셈이다. 왜 이토록 노인 빈곤층이 높아졌을까?

첫째, 노동을 통해 소득을 버는 기간이 줄어들었고 둘째, 소득이 발생하지 않는 기간이 늘어났기 때문이다. 대부분의 사람들은 저축이라는 보수적인 방법으로 미래를 대비한다. 만약 노후 자금으로 약 5억 원이 필요하다면 어떻게 해야 할까? 매달 200만 원씩 20년을 꼬박 모아야 가능한 금액이다. 그러나 이렇게 여유롭게 미래를 대비할 수 있는 사람은 전체의 16% 정도이다.

몇 년 전 식당을 오랫동안 운영하고 있는 이모가 폐업을 했다는 소식을 들었다. 경기가 안 좋아지면서 유지하기 힘들어진 것이다. 그런데 노후 대비가 안 되어 있고, 당장 생활을 해야 하다 보니 투자를 했는데 안타깝게도 사기였던 것이다. 일흔이 가까운 나이에 빚을 갚기 위해 또다시 큰 병원 식당에 취업했지만, 코로나로 다시 일자리를 잃으면서 어떻게 빚을 갚아야 할지 모르겠다고 하셨다. 의학이 발달하면서 오래 사는 기쁨보다는 자신의 노후가 더 걱정된다는 이모의 말씀에 내 마음도 무거워졌다.

경제 상황은 언제, 어떤 변수가 있을지 모르기 때문에 나이가 들수록 적극적으로 돈 관리를 해야 한다. 토마스 프레이는 2030년까지 인류에 존재하는 20억 개의 일자리가 사라질 것이라고 예측했다. 미래학자들은 이구동성으로 우산을 준비하지 않았다고 해서 비가 내리지 않는 것도 아니고, 비를 맞는 일이 낭만적인 일도 아니라며 미래를 준비해야 한다고 강조한다.

현재 코로나로 시작된 고용 충격이 우리 사회를 무섭게 덮쳤다. 2021년 2월 10일 뉴스 보도에서는 실직자 수와 실업률이 사상 최고치를 기록했다고 전했다. 이것은 1998년 12월 IMF 이후 최악의 수치이다. 특히 거리두기의 영향으로 음식점, 숙박업 등 서비스업에만 89만 8,000개가 사라졌다. 통계청은 실업자 수가 157만 명이 육박하고, 실업률은 5.7%를 달했다고 발표했는데, 이 두 가지 수치는 사상 최고치를 기록한 것이다.

코로나 위기 상황에서도 온라인 유통 산업은 나홀로 호황을 누렸다. 서울연구원의 연구보고서에서는 비대면 온라인 소비 활동을 경험한 인구는 74.4%로 조사되었다. 〈넥스트 이코노미Next Economy〉 2월호는 사람들이 온라인 소비 활동을 선호하는 이유에 대해 '시간과 장소에 구애받지 않기 때문이다'라고 설명했다. 이는 42.6%의 사람들이 답변하며 가장 높은 응답률을 기록했다. 한편 '코로나가 종식되면 비대면 경제는 쇠퇴하는가?'라는 질문에 '그렇지 않다'라는 응답률이 높았다. 코로나 종식 이후에도 비대면 소비 활동을 지속하겠다는 답변이 무려 80.1%였다. 무점포 온라인 쇼핑몰인 네트워크 사업은 코로나 시대에 더욱 부상하고 있다.

코로나로 인해 사람들은 외부 활동 대신 재택근무를 하며 온라인으로 활동한다. 네트워크 마케팅 업계의 꽃이라 할 수 있는 '컨벤션convention'도 온라인 세미나로 빠르게 바뀌었다. 그래서 그동안 직접 세미나장을 방문하기를 꺼려했던 소비자들의 참여도가 높아졌다. 줌이나 유튜브를 이용한 온라인 세미나의 확산은 시공간을 초월해 소비자들의 알 권리를 적극적으로 충족시켰다.

코로나로 인해 전국 센터가 한시적으로 폐쇄되면서 하루아침에 모든 강의 일정이 취소되었다. 처음에는 오랜만에 누리는 여유라서 반가운 마음이 들었다. 하지만 코로나 사태가 일 년 이상은 지속될 것이라는 남편의 말에 나도 모르게 언성이 높아졌다. 결국 그 말은 지금까지 이어지고 있다. 비대면 강의가 익숙해지기까지 우여곡절이 있었지만 지금은 편안하게 온라인으로 사람을 만나고 있다. 사람은 정말 변화에 적응을 잘한다는 것을 다시 한 번 깨달았다.

유튜브에 '수련tv'를 개설해 일 년 동안 매주 실시간 비대면 조회를 진행 중이다. 유튜브로 교육을 해보니 그동안 만날 수 없었던 장거리 사업자나 해외 파트너까지 동시에 교육을 할 수 있고, 실시간으로 올라오는 댓글에 즉시 답을 해주니 반응이 폭발적이었다. 오전에는 유튜브로 초보 회원들에게 제품과 사업에 대한 정보를 주고, 저녁에는 줌으로 N잡러들에게 또 다른 소득의 기회를 제공했다. 네트워크 사업은 온오프라인에서 동시에 진행할 수 있는 장점이 있다.

4차 산업시대는 정보통신기술의 융합이 만들어내는 시대라고 한다. 앞으로는 인공지능과 같은 초지능이 할 수 없는 영역을 발견하는 것이 중요하다. 인공지능으로 대체할 수 없는 사람만이 할 수 있는 일을 찾아야 한다. 노후에도 소득이 발생하는 길을 마련해 놓는 것이 필수인 시대다. 이 두 가지 조건을 모두 만족시키는 것이 바로 네트워크 사업이다. 당신은 미래를 기대하는가 아니면 마냥 걱정만 하며 살고 있는가? 이제 비대면은 시대의 흐름이 되었다. 온택트 비즈니스 네트워크는 미래의 대표 사업이 될 것이다.

Network Marketing

네트워크 마케팅으로 돈을 버는 이유

우리는 좋은 정보라고 생각하면 주변 사람들과 공유한다. 맛집을 소개하기도 하고, 핫플레이스라며 흥분하기도 한다. 공유는 먼저 경험한 사람의 이야기와 그 속에서 느낀 감동이 전해지기 때문에 다른 사람들이 신뢰한다. 네트워크 사업은 구전 광고에 보상 시스템을 접목한 시스템이다. 기존의 유통은 나 혼자 체험하는 것으로 끝난다. 하지만 SNS 등이 활발해지면서 자신의 체험이 곧 다른 사람의 구매로까지 연결되기 때문에 수입으로 이어진다. 연예인이 받았던 광고비를 개인이 받는다고 생각하면 쉬울 것이다.

이미 선진국에서 네트워크 사업은 오랜 시간 동안 발전했다. 미국의 하버드 대학교에서는 네트워크 마케팅을 비즈니스 스쿨의 정규 커리큘럼으로 가르치고 있다. 선진국의 많은 경제학자들은 네트워크 마케팅 사업을 '세일즈 혁명'이라고 부른다. 실제로 유통되는 미국의 네트워크 마케팅 제품은 전체 생필품 시장에서 높은 비율을 차지하고 있다. 평생직장이 없는 미국에서도 독립 자영업은 소득의 기회를 제공하는 것으로 여겨지기 때문에 긍정적으로 받아들여진다. 실제로 미국의 백만장자 다섯 명 중 한 명이 네트워크 사업자이다. 이 사업이 선진국에서 더 활발한 이유는 무엇일까?

첫째, 선진국에 가까워질수록 소비자는 더 현명해진다. 똑똑해진 소비자들은 유통업자가 중간 마진을 챙기기를 원하지 않고 직접 거래를 선호한다. 둘째, 사업이 활성화되기 위해서는 신용 사회가 발판이 되어야 한다. 인간관계가 넓으면 네트워크 사업이 수월하게 진행될 수 있다. 셋째, 선진국일수록 고객의 니즈는 생필품에서 건강 및 미용 제품으로 급속히 확산된다. 엥겔지수가 낮아지고 여윳돈으로 뷰티와 헬스에 더 많이 투자한다.

나는 10년 동안 네트워크 사업을 하면서 십여 개국을 다녔다. 처음 미국과 호주에 방문해서 현지 사업자를 만났을 때는 신선한 충격을 받았다. 한국처럼 오전부터 세미나를 여는 경우가 거의 없었다. 투잡, 쓰리잡이 기본이다 보니 대부분 직장에서 돌아오는 저녁 시간에 열렸다. 놀라운 것은 강사들 중 현직 의사나 변호사, 회계사도 있었다는 점이다. 그들 중 한 명은 회계사였는데 이미 네트워크 사업으로 억대 연봉을 벌고 있었다. 선진국으로 갈수록 빈부격차가 더 커지는 영향으로 N잡러들이 많은 것이다.

네트워크 마케팅 산업은 1927년 하버드대학교 던킨 교수가 발표한 「소비자 구매 심리에 관한 연구」라는 논문에서부터 시작했다. 구매자의 15%가 광고에 의존하고 나머지는 구전의 영향으로 구매를 결정한다는 내용이다. 구전 마케팅의 효과성을 알린 첫 논문이었다. 이 이론을 바탕으로 뉴트리나이트는 입소문 광고를 처음으로 마케팅에 적용했다. 미국은 1970년대에 네트워크 마케팅을 합법화했다.

우리나라에 네트워크 마케팅이 본격적으로 활성화된 시기는 1990년대부터이다. 미국의 암웨이가 대표적이다. 2020년 공정거래위원회의 발표에 따르면 네트워크 마케팅은 5조 2284원 억의 매출을 달성했다. 2021년 우리나라에서는 약 130개가 넘는 네트워크 마케팅 회사가 합법적으로 운영되고 있다. 한국은 미국, 중국 다음으로 전체 세계 시장 3위의 규모를 자랑하는 네트워크 마케팅 선진국이 되었다. 토종 회사인 한 업체는 2019년 무역의 날에 1억 달러 수출의 탑을 수상하고 대통령 표창장을 받았다. 2020년도 감사보고서에 따르면 토종 회사가 처음으로 네트워크 마케팅 사업 전체 매출 1위를 달성했다.

내가 10년 동안 네트워크 사업을 하면서 다단계에 대한 사람들의 인식이 많이 개선되었다는 것을 느낀다. 나는 사람들에게 "대형 마트에서 소비하지 마시고 네트워크 제품으로 마트 체인지 하세요."라고 말한다. 아직까지 이런 말에 불편한 기색을 내보이는 사람도 만난다. 대기업은 유통 시장의 지배력을 빼앗기지 않기 위해 새로운 유통 방식을 불법으로 몰아붙이고, 유통 수익을 두둑하게 챙겼던 일부 중간 유통업자들은 불법 피라미드라며 욕했다. 광고료가 주 수입원인 언론에서도 네트워크 마케팅의 단점을 부각해 편파적인 보도를 했다. 대기업과 언론 보도의 움직임은 소비자의 인식을 부정적으로 만들기에 충분했다.

실제로 1990년대 초 우리나라는 불법 다단계와 피라미드 바람이 성행했다. 많은 사람이 경제적으로 큰 피해를 입었다. 불법 업체로 인해 이 사업에 대한 이미지는 부정적으로 각인되었다. 그동안 일부 회사와 몇몇 사업자들이 그릇된 사업 전개 방식이 여러 부작용을 낳았던 것이다. 그들은 이 사업으로 단번에 일확천금을 얻을 것처럼 부풀렸다. 이 사업에 참여하지 않는 사람은 도무지 잘살고자 하는 꿈이 없는 사람이라고 깎아내렸다. 바로 이런 태도들이 네트워크 마케팅 사업을 부정적으로 바라보게 된 원인을 제공했다.

사업을 이제 막 시작한 초보라면 고객의 거절 의사는 필연적이다. 나는 아직까지도 사촌 올케 언니의 말이 기억에 남는다. "아가씨, 우리는 그렇게 남들 속이고 피해주는 일은 못해요." 그 당시는 그 말에 너무 화가 나고 속상했다. 나중에서야 언니가 예전에 다단계 업체에서 직원으로 일한 경력이 있었다는 것을 알게 되었다. 그 회사가 잘나갔다면 내게 그렇게까지 말할 이유는 없었을 것이다. 의외로 많은 사람들이 다단계를 통해 피해를 보는 경우가 많다. 서민이 부자가 될 수 있다는 말에 누군가는 청춘을 다 바치기도 했다. 당시에 뼈아픈 경험을 한 사람들은 모든 네트워크 사업은 똑같다고 생각한다.

이 사업은 새로운 방식의 유통일 뿐 문제가 있는 것은 아니다. 네트워크 마케팅의 소득의 원천과 본질은 유통업이다. 기존의 유통은 생산자가 총판을 통해 도매업자, 소매점을 거쳐 최종 소비자에게 공급된다. 그 과정에서 상품의 제조원가보다 몇 배나 부풀려지는 광고비와 유통 수익이 발생한다. 20세기 들어 인터넷의 발달과 물류 시스템의 변화로 보다 싸게 상품을 구매하게 되었다. 똑똑한 소비자는 네트워크 제품으로 마트를 체인지하여 더 이상 소비를 지출로 끝내지 않는다. 쓸 것인가? 벌 것인가? 소비를 소득으로 연결하는 방법에 귀를 기울이게 되었다.

네트워크 마케팅 사업의 올바른 이해

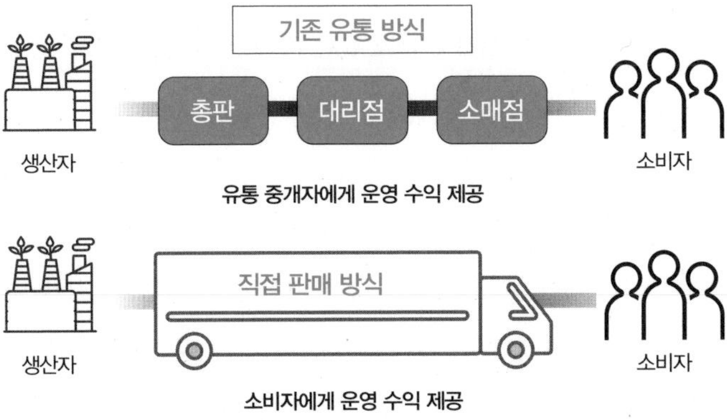

네트워크 마케팅은 소비자와 기업이 서로 윈윈하는 것이다. 유통 비용을 줄여 더 합리적인 가격으로 공급하려는 생산자와 소비자의 공통 요구에서 출발한다. 유통 제반 비용을 줄임으로써 생산자는 여러 가지로 유리하다. 품질을 보장하면서 보다 싼 가격으로 상품을 생산하기에 가격 경쟁에서 유리하다. 줄어든 비용의 일부를 R&D 비용에 투자할 수 있어서 품질 좋은 제품을 공급할 수 있다. 시중 제품의 원가 비율이 1~5%인데 반해 네트워크 제품은 10~30%를 차지한다. 심지어 원가 비율이 40%를 넘는 네트워크 회사도 국내에 존재한다.

네트워크 사업은 단순히 세일즈를 하는 것이 아니라 자신의 소비 경험을 알리는 행위다. 자신의 소비 경험을 열심히 알림으로써 그 기여도에 따라 회사로부터 현금 보상을 받는다. 여기서 받는 수당은 누군가를 강요해서 물건을 판 것에 대한 정산을 받는 것이 아니다. 줄어든 광고 유통 비용을 구전 마케팅에 함께 참여한 소비자에게 분배하는 것이다. 대형마트처럼 포인트가 아닌 소비자에게 직접 현금을 돌려준다.

우리회사에서 개인 콘텐츠로 운영하는 채널 중 내가 운영하는 수련tv는 최다 구독자를 보유하고 있다. 사람들은 종종 무엇을 팔아야 한다고 인식하면 부담을 느끼고 거부감을 갖는다. 세일즈는 '제값을 받고 상품을 파는 행위'이다. 마케팅은 '소비자에게 재화나 서비스를 효율적으로 제공하는 활동'이라고 정의한다. 자신이 만족한 제품을 자투리 시간을 활용해 주위에 알리는 일은 누구나 할 수 있다.

네트워크 마케팅 사업은 오랜 시간 동안 영업 방해가 있었음에도 꾸준히 성장하고 있다. 혼자서 구매하는 것이 아니라 함께 구매하는 소비 조직이 늘어나면 소비 자체가 하나의 수입이 된다. 함께 한다는 것은 단순히 화장품의 품질만 전하는 것이 아니다. 화장품을 같이 애용함으로써 추가적인 소득이 창출되는 정보를 알리는 일이다. 새로운 유통 방식은 계속 성장할 것이며 언택트 유통 시장의 판도를 바꾸게 될 것이다. 기존의 유통 방식을 버리고 네트워크 유통으로 방법을 바꾸면 삶이 윤택해진다. 쓰기만 할 것인가? 쓰면서 벌 것인가? 선택은 자신의 몫이다.

Network Marketing

네트워크 마케팅을 해야 하는 이유

내가 러시아로 유학을 처음 갔을 때 노어를 다섯 마디 정도밖에 할 줄 몰랐다. 사람들은 내게 러시아에서 무엇을 배우고 어떤 경력을 쌓았는지 궁금해한다. 물론 그때의 경험이 지금의 일과 밀접한 연관이 있는 것은 아니다. 그러나 이국땅에서 보낸 8년의 시간은 내 인생에서 가장 아름답고 행복한 시간이었다. 귀국을 해서 네트워크 마케팅 사업을 시작했을 때 "유학까지 다녀온 처녀가 왜 다단계를 해?"라는 말을 가장 많이 들었다. 엄마조차도 취업이 어려우면 중소기업에라도 들어가서 직장생활을 하라고 할 정도였다. 그러나 나는 이미 세상은 넓다는 것을 알고 있었기에 적당히 틀에 박혀 살고 싶지 않았다.

로버트 기요사키가 쓴 《부자 아빠 가난한 아빠》에는 현금 흐름 4분면이라는 말이 나온다. E사분면과 S사분면에 속한 전 세계 95%를 차지하는 사람들이 벌어들이는 돈은 전체의 5% 에 지나지 않는다. 그리고 B사분면과 I사분면에 속해 있는 인구는 전 세계의 5%밖에 되지 않지만 이들이 전체 95%의 부를 소유하고 있다. 대부분의 사람들은 자신의 시간과 노동력을 돈과 바꾸는 노동 소득을 받고 산다. 부자들은 돈이 돈을 벌게 하거나, 자신이 만든 시스템을 통해 돈을 번다. 그들은 다른 사람의 시간과 노동력을 소유해서 자본을 불린다. 부에 있어서 부자와 가난한 사람의 결정적인 차이는 개인의 능력보다 돈을 벌어들이는 도구의 차이인 셈이다.

부자 아빠 가난한 아빠의 현금 흐름 4분면

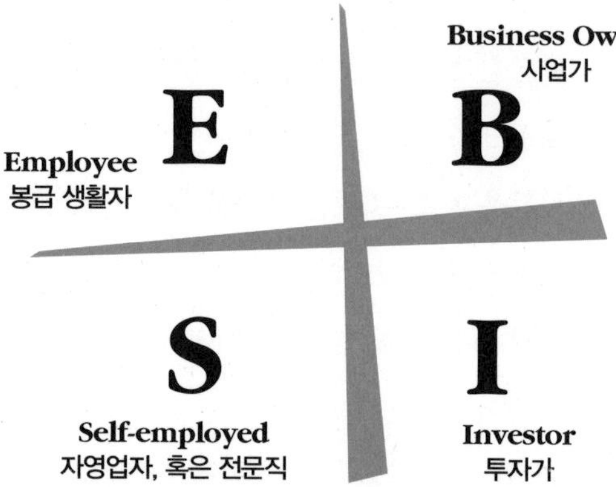

직장인들은 열심히 살고는 있는데 시간도 돈도 없다는 현실에 놓여 있다. 그저 소확행을 누리는 것으로 만족한다. 소소한 행복도 좋지만 크고 확실한 행복은 더 큰 만족감을 가져다준다. 자영업 혹은 전문 직종의 사람들도 마찬가지이다. 자영업은 5년 이내의 폐업률이 87%에 달한다고 한다. 투자가는 돈이 돈을 벌도록 하는 사람이다.

러시아에서 유학 생활을 하면서 처음으로 내 사업을 해야겠다는 생각을 했다. 인생에서 돈이 전부는 아니지만 돈으로 해결되는 일도 많다는 것을 깨달았기 때문이다. 결정적으로 돈은 사랑하는 사람을 지켜줄 수 있다. 유학 생활 초창기에 엄마가 아프셨는데 이때 돈이 있어야 건강도 지킬 수 있다는 것을 절감했다. 부자가 되기 위해서는 종잣돈을 모으고 나중에는 재테크로 잘 불려야 한다. 그 당시 나는 종잣돈이 없었기 때문에 시스템과 노동력이 합쳐져 돈을 굴리는 테크를 선택했다. 네트워크 사업은 창업을 할 수 있는 여력이 없는 내가 선택한 최선의 방법이었다.

네트워크 마케팅은 유통의 거미줄을 만드는 사업이다. 처음에는 누구나 혼자서 거미줄을 짜지만 시간이 지나면 배가의 원리로 폭발적으로 확장된다. 시간이 지날수록 유통망을 촘촘하게 짜면 유통 거미줄은 커진다. 회사에서는 다양한 신제품을 계속 출시하기 때문에 지속적인 수입이 가능하게 된다. 네트워크 수입은 마치 지적재산권의 특허권 같아서 '인세 소득', '권리 소득'이라고 부른다. 큰 회사를 운영하고 있는 대기업 회장이 누리는 레버리지 소득과도 같다. 처음에는 노동을 통해 조직을 구축하지만 시간이 지날수록 업무는 줄어들고 시간적 자유는 커진다.

내가 왕초보 시절, 스피치 교육을 받을 때의 일이다. 자신의 이름 석 자로 삼행시를 지어 발표를 하는 시간이었다. 그때 한창 워런 버핏의 "잠자는 동안에도 돈이 들어오는 방법을 발견하라!"라는 말에 가슴이 뛰고 있었을 때였다. 나는 망설이지 않고, "제가 해보겠습니다!"라며 손을 번쩍 들고 칠판 앞으로 나갔다. "이! 이걸 해볼까? 저걸 해볼까?, 수! 수도 없이 고민하는 하루살이들에게, 련(연)! 연금성 소득의 비전을 전하는 프로네트워커 이수련입니다."

그 당시에는 2년 뒤 내게 닥칠 운명을 알지 못했었다. 선천성 희귀 심장 질환이 발견되어 일 년 동안 투병 생활을 했었는데 복귀 뒤 내 유통 거미줄은 줄어들기는커녕 두 배로 커져 있었다.

네트워크 마케팅은 지렛대 원리를 이용한 시간 복제 사업이다. 어떤 사람도 하루 24시간 동안 일할 수는 없다. 자신이 일한 시간을 돈과 바꾸는 수입은 제한적일 수밖에 없다. 대기업의 CEO는 하루에 몇 시간을 일할까? 회사의 규모에 따라 다르겠지만 직원들의 노동력으로 회사는 돈을 번다. CEO들은 회사의 인력들을 지렛대로 삼아 시간을 복제한다. 네트워크 마케팅도 시간을 복제하는 사업이다. 20대에 억만장자가 된 미국의 사업가 진 폴 게티는 "혼자서 100%를 노력하기보다는 100명의 1%를 합치는 것이 훨씬 낫다."라고 말했다.

전염병이 인류의 생계를 아무리 위협한다고 해도 돈을 벌 수 있는 본질적인 지식은 변함이 없다. "우리가 다른 사람의 문제를 해결해 주면 돈은 저절로 따라온다."라는 말이 있는데 네트워크 마케팅은 처음에는 제품을 파는 일 같지만 결국 사람들을 돕는 비즈니스이다. 사람들이 갖는 꿈과 희망을 이해하고 삶의 목표를 이룰 수 있도록 용기를 북돋는다.

어떤 일을 하면 가는 곳마다 "감사합니다. 덕분입니다."라는 말을 들을 수 있을까? 나는 항상 나를 지지하고 격려해 주는 회원들의 말 때문에 스스로 더 좋은 사람이 되어야겠다고 결심한다.

몇 년 전, 대만 세미나 투어 중에 있었던 일이다. 내 강의를 맨 앞자리에서 집중하고 있는 맹인을 보았다. 그 분은 내 강의가 끝나자마자 무대 앞으로 오더니 "저도 희망이 생겼어요. 꼭 성공하고 싶습니다!"라는 말을 했다.

나는 故 김우중 회장의 자서전《세계는 넓고 할일은 많다》라는 제목을 좋아한다. 단 한 번밖에 없는 지구별 여행이라면 멋지게 자신만의 무대에서 주인공으로 살아봐야 하지 않을까?

나는 자본금 없는 평범한 사람이 성공할 수 있는 최고의 방법은 네트워크 사업이라고 생각한다. 누구나 시작은 두렵지만 현재에서 벗어나려면 도전하는 길밖에 없을 것이다. 나는 나만의 길을 걷고 싶어 선택한 길에서 시간에 구애받지 않으면서 경제적 보상은 확실한 자유를 얻었다. 무엇보다도 행복한 점은 하기 싫은 일은 언제라도 "아니오."라고 거부할 수 있다는 것이다.

속담 중에 '사촌이 땅을 사면 배가 아프다'라는 말이 있다. '부러우면 지는 것이다'라고 말을 하는데 부러우면 부자가 되는 방법을 배우면 된다. 전 세계 부의 95%를 소유한 5%의 부자들은 돈을 버는 시스템을 알고 있다. 부자는 돈과 시간으로부터 자유를 얻은 사람들이다. 이 공개된 비밀을 누가 적극적으로 자신의 것으로 만드느냐의 싸움이다. 네트워크 사업의 제품을 사용하는 단순 소비자도 좋고, 그 소비에서 추가 수입을 얻는 소비자가 되어도 좋다. 무엇을 선택하든지 그 선택한 것에 따라 미래가 달라질 것이다.

Network Marketing

끊임없이 인맥을 넓히는 방법

나는 내 지인 한 명을 추천한 것으로 3년 만에 1억 연봉자가 되었다. 몇 안 되었던 내 지인들은 다행히 제품은 써보겠다고 했지만, 나와 사업을 함께 해보겠다고 나오는 사람은 없었다. 네트워크 사업은 처음에는 소비자를 구축하지만 나 같은 사업자가 나오는 순간부터 속도가 붙는다. 내 지인들의 눈에는 내가 애송이로 보였기에 나에게 자신들의 미래를 맡기고 싶지 않았던 것이다. 나는 열심히 하다 보면 언젠가는 사업자가 나올 거라고 생각했지만 그렇다고 마냥 기다릴 수만은 없었다. 내가 아는 사람은 끝이나자, 다른 사람들에게 "한번 써보세요. 써보고 좋으면 다른 사람에게도 소개해 주세요."라고 말을 했다.

대부분의 사람들은 "나는 사람이 없어서 이 일은 못해요."라고 말한다. "나는 파는 건 진짜 못해."라며 아예 자신은 이 일을 절대로 할 수 없을 것이라고 단정 짓는다. 자신이 써보고 주위 사람에게 구전 광고를 하는 일은 특별한 자격이 필요하지 않다. 제품을 전달하는 것이 끝이 아니라 혜택에 대해 설명하고 스스로 옳은 결정을 하도록 안내하면 된다. 그 결정이 사업의 기회에 함께 참여하는 것이어도 좋고, 단순히 제품을 쓰는 것이어도 좋다.

흔히 인맥이 넓고 세일즈를 잘하는 사람이 이 사업에 유리할 것이라고 생각한다. 물론 주변에 지인들이 많아서 판매를 잘하면 좋다. 왕년의 프로 세일즈맨이나 인플루언서들이 이 사업을 쉽게 생각하고 공격적으로 달려든다. 그들 중 많은 사람들이 용두사미로 전락하는 것을 보았다. 네트워크 사업의 본질은 많은 사람에게 제품을 판매하는 것이 핵심이 아니다.

내가 성공한 이유는 한 번도 영업을 해보지 않았고, 인맥이 없는 상태에서 출발했기 때문이다. 판매를 잘했다면 주문을 받느라 시스템 참여에 소홀했을 것이고, 인맥이 많았다면 여기저기 이야기하다가 반응이 없으면 또 새로운 사람을 만나러 다녔을 것이다. 나는 내 고객이 일단 되면 깊은 관계성을 만들어 신뢰를 얻기 위해 노력했다. 초반에 실적이 없으니 혼자 세미나를 듣는 시간이 유난히 많았다. 수많은 성공자들의 강의를 들으면서 시간이 지날수록 엄청난 확신이 내 안에 싹텄다. 그러다 어느 순간이 되니 혼자 누구를 만나도 두렵지 않았다. 시스템에 접속되어 열심히 배우고 부지런히 기술을 익힌 것이 큰 도움이 되었다.

"지인 중심의 웜컨택과 생소한 사람 대상인 콜드컨택 중 무엇을 해야 되나요?"라고 많이 물어본다. 어떤 리더는 자신은 절대로 지인 영업을 하지 않는다고 말한다. 가까운 사람에게 받는 거절도 싫지만 영업의 기본기가 탄탄해서일 것이다. 반대로 네트워크 사업에서는 콜드컨택은 소용없다고 말하는 리더도 있다. 인간관계가 기반인 사업이다 보니 아무래도 유대관계가 약해지기 때문이다. 사람마다 살아온 환경, 대인관계 능력, 세일즈 경험 여부 등은 다르다. 중요한 것은 어느 것에 치우치지 않는 자세이다. 누가 이 사업을 하게 될지 또 누가 잘할지는 아무도 모른다.

웜컨택과 콜드컨택에는 각각의 장단점이 있다. 웜컨택은 기본적인 신뢰가 형성되어 있어 제품을 소개하기 쉽다. 반면 나의 과거 모습을 잘 아는 그들에게 나를 전문가로 인식시키는 데 시간이 걸린다. 또한 지인 명단은 숫자가 제한적이어서 얼마 지나지 않아 끝이 난다.

콜드컨택은 자신의 과거를 사람들이 알지 못하기 때문에 만나는 일에 부담이 없다. 주눅 들지 않고 시장을 무한대로 넓힐 수 있는 장점이 있다. 물론 모르는 사람에게 다가가는 것의 두려움은 스스로 극복해야 한다. 인맥이 적은 사람은 어떤 것에만 의존하지 말고 지속적으로 소개를 받아야 한다. 끊임없이 명단에 새로운 사람이 추가되는 것이 중요하다.

스티브 잡스는 "꿈을 이룬 사람은 도움을 청하는 방법이 다르다."라고 도움의 중요성을 강조했다. 종종 제품력이 좋아서 인맥을 소개해 주는 소비자도 있다. 또 다른 사람을 소개해 주면 추가 소득을 벌 수 있다는 것에 적극적인 사람도 있다.

'나는 인맥이 별로 없는데…'라고 말하는 사람들은 인맥이라는 개념을 다소 오해하고 있는 경향이 있다. 성격이 내향적이거나 대인관계가 좁아서 인맥이 부족하다고 생각한다. 그것은 인맥의 개념을 수동적으로 생각하기 때문이다. 기존에 알고 있는 사람, 지금 머릿속에 떠오르는 사람 정도만 인맥이라고 여기면 안 된다.

인맥이란 지금까지 알고 있는 사람들의 목록이 아니다. 그들로부터 파생될 '지금부터 알게 될 새로운 사람들'까지 포함한다. 성공한 사람들은 오히려 끊임없이 새로운 인맥을 찾는다. 그들은 생활 속에서 스쳐 지나가는 모든 사람들을 자연스럽게 자신의 인맥으로 만든다.

'한 다리 건너면 아는 사람'이라는 표현이 있다. 직접적으로 알지 못하더라도 동창의 아는 사람이라든지 먼 친척과 아는 사람일 때 쓰는 말이다. 1960년대 하버드 대학의 심리학과 교수인 스탠리 밀그램은 임의로 선택한 두 사람이 여섯 다리만 건너면 서로 연관이 된다는 사실을 과학적으로 증명했다. 요즘은 SNS를 통해 지인의 근황은 물론 그 사람을 통해 새로운 인맥들과 간접적으로 연결될 수 있다. 2016년 페이스북은 15억 9,000만 명 이용자 중 3.57명만 거치면 누구와도 연결된다고 밝혔다. 시간을 들여 관심과 노력을 기울이면 누구나 자신이 활용할 수 있는 인맥은 무궁무진하다.

사업 초기 교회 집사님이 이민을 떠나기 전에 친구 분을 소개해 주고 가셨다. 추가적인 소득에 관심이 많았던 그 분은 나를 만날 때면 또 다른 사람을 소개해 주었다. 어느 날 우연히 자신이 정말 좋아하는 선배 언니에 대한 이야기가 나왔다. 네트워크 마케팅 경험도 있고 현재는 보험으로 돈을 아주 잘 벌고 있다고 했다. 당장 소개받고 싶었지만 그 언니만큼은 웬일로 연락처를 알려주지 않았다.

시간이 흐른 뒤, 어느 날 그 선배 언니로부터 제품에 대한 문의 전화가 왔다. 친절하게 응대를 했고 끊기 직전에 내가 먼저 만남을 청했다. 마침 자신도 이런 도구를 찾고 있다고 말했다. 그 후 고구마 줄기처럼 보험 영업자들을 줄줄이 소개해 주었다.

인맥을 구축하는 것은 상대를 '내 사람'으로 만드는 과정이다. 초반에 그 사람에게 정성을 들이고 좋은 인상을 심어줘서 마음을 열게 해야 된다. 세상에는 저절로 되는 일은 없다. '아는 사람'을 '내 사람'으로 만드는 데는 시간과 노력이 필요하다. 이때 초반의 노력이 전반적인 관계의 질을 결정하는 경우가 많다. 특히 관계 초반에 나쁜 인상을 심어주면 안 된다. 그러고 나면 그 사람을 나의 인맥으로 만들기까지 몇 배의 시간과 노력이 들기 때문이다. 사람은 자주 만나면 친숙해진다. 통화 자주하기, 먼저 연락하기, 함께 식사하기 등 초반의 관계 형성에 노력을 기울여야 한다.

"나는 사람이 없어요!"라고 말하는 사람은 진지하게 이 사업을 다시 고민해 볼 필요가 있다. 그런 사람은 일단 사람을 만날 수 있는 곳으로 나가야 한다. 유태인은 부와 성공의 대명사로 불리고 있다. 그 이유 중 빼놓을 수 없는 것이 정보력과 단결력, 네트워크 능력이 있기 때문이다.

사람들은 과연 어떤 사람에게 자신의 지인을 소개해 줄까?

첫째, 소개하는 자체에 부담을 느끼지 않아야 한다. 나는 사업 초기에 "사람을 소개만 해주시면 관리는 제가 알아서 할게요."라는 말을 했다. 사람들은 한번 지인을 소개해 주고 계속 엮이는 상황을 싫어한다.

둘째, 내가 최고의 모습, 준비된 모습을 갖추고 있을 때 소개해 준 지인이 나를 자랑스럽게 생각한다.

내게 이 사업을 밑마닥부터 다시 시작할 수 있겠느냐고 묻는다면 대답은 언제나 "네!"이다. 선한 의도를 가지고 정성스럽게 사람을 대한다면 계속해서 소개는 이어지고 조직은 확장될 것이다.

Network Marketing

나를 성공으로 이끈 필살기

나는 '이 사업을 하면서 지금까지 가장 잘한 일이 무엇인가?'라는 질문을 자주 받는다. 첫째는 사람들이 반기지 않는 일을 선택해서 좁은 길로 들어간 것이다. 둘째는 성공은 쉽게 찾아오지 않는다는 것을 알고 절대로 포기하지 않았다는 것이다. 사업 초기에는 대인관계가 미숙하여 사람들과의 불협화음에 가슴이 터지는 일이 많았다. 그럼에도 불구하고 교육장에는 빠짐없이 참석했다. 그리고 다음 날이 되면 언제 그랬냐는 듯이 파트너들과 웃으며 일을 했다. 다른 사람이 나를 격려하지 않아도 스스로를 응원했다.

네트워크 마케팅 사업에서 성공의 관건은 재능과 실력이 아니라 은근과 끈기에 있다. 불도저 같은 열정보다 자신의 꿈과 목표가 중요하다. 목적지가 있는 새는 비를 맞더라도 그 길을 가고야 만다. 시스템을 구축하는 데는 시간이 걸린다. 인적 네트워크를 형성하는 일이다 보니 사람들과의 갈등을 겪기도 한다. 많은 사람들이 잘될 때는 열심히 하다가 난관에 부딪히면 주저앉고 만다. 특별히 투자한 것이 없으니 수시로 폐업을 할 준비를 하는 사람도 많다.

호기롭게 이 사업을 시작했어도 대부분의 사람들이 일 년 이내에 그만둔다. 사업의 특성상 단기간에 돈이 되지 않기 때문이다. 인간관계가 어려워서 포기하는 사람도 많다. 그런데 처음부터 자본을 투자한 것은 아니니 사업에서 실패했다는 표현은 어울리지 않는다. 그보다는 스스로 먼저 포기했다는 말이 더 적절할 것이다. 포기는 평범한 내가 인생을 역전할 수 있는 기회를 스스로 반납하는 것과 같다.

사업 초기에는 내가 말만 스폰서였지 반대로 어떤 파트너의 비서 역할을 자청한 적이 있었다. 그 파트너는 인맥도 넓고, 영업력이 좋아 이 사업을 함께하기만 하면 금세 사업이 커질 것 같았다. 어느 날 파트너는 나에게 "수련 씨를 보면 너무 한심하다는 생각이 들어요. 이 일은 그만두고 제대로 된 직장을 구해 보세요."라며 충고를 했다. 처음에는 너무 자존심이 상해서 다시는 만나고 싶지 않았다. 그러나 '당신 뒤에 제대로 된 한 사람이 나올 때까지 버티고 견딜게요.'라고 생각했다.

나는 "언제 가장 이 일을 그만두고 싶은 생각이 들었나요?"라는 질문을 많이 듣는다. 나도 딱 한 번 이 사업을 그만둬야겠다고 생각한 적이 있었다. 일 년 동안 투병 생활을 하는 동안 엄마의 전화를 단 한 번도 받지 않았다. 기도 수술을 받아 목소리가 잘 나오지 않았고 엄마를 걱정시키고 싶지 않았다. 끝나지 않을 것 같은 여러 번의 수술을 견딘 뒤에서야 결국 일 년 만에 퇴원을 했다. 그러나 곧 엄마가 뇌출혈로 돌아가셨다. 인생은 항상 내가 생각하는 그 이상의 일이 벌어지고 있으며 모든 상황을 이해할 수도 없었다. 나는 내가 더 이상 열심히 살아야 할 이유를 찾지 못했었다.

내 마음은 죄책감에 빠져 이 사업을 더 이상 할 수 없을 것 같다는 결론을 내렸다. 일 년 동안 나만 기다린 파트너를 생각해서 마음을 바꾸라는 스폰서의 부탁에 결국 복귀했다. 장례식을 치르고 3일 만에 사업설명회 무대에 섰다. 며칠 후 본사로부터 일 억 연봉 고소득자가 되었다는 문자를 받았다. 지금 당장은 내가 서 있는 길이 어디인지 보이지 않더라도 포기하지 않고 한 발짝만 더 앞으로 내딛으면 된다. 확실한 것은 터널이 길게 느껴져도 반드시 끝은 있다는 것이다. 사업도 인생도 끝까지 가봐야 끝이 난 것이다.

네트워크 사업은 내 밑에서 나보다 뛰어난 사람이 나오는 순간부터 속도가 붙는다. 사업자 중에 버티는 게 능력이라며 아무것도 시도하지 않고 마냥 견디면 된다고 생각하는 사람이 있다. "3년을 했는데도 안 됐어요. 적성에 안 맞나 봐요."라고 말하는 이들을 보면 안타깝다. 성공은 그리 쉽게 주어지지 않는다. 치밀한 목표에 맞춰 하루하루 올바른 노력을 해야 된다. '1만 시간의 법칙'을 거론한《아웃라이어》의 저자 말콤 글래드웰은 "그저 1만 시간을 흘려보낸다고 전문가가 되는 것은 아니다."라고 말했다. 몰입과 집중을 통해 의식적인 노력으로 돌파구를 헤쳐 나가야 한다.

네트워크 사업의 근간은 교육 사업이다. 코로나가 발생하고 어려움이 왔다. 어떤 사람들은 이제는 이 사업을 왜 진행할 수 없는지를 확인하고 다녔고, 또 어떤 사람들은 코로나가 빨리 종식되기만을 기도했다. 나는 유튜브 채널을 개설해 매주 실시간으로 교육을 시작했다. 때로는 콘텐츠 고갈로 방송을 준비하는 것 자체가 어려웠다. 여기까지 와 보니 일 년 동안 내가 가장 많이 성장을 했다. 코로나는 백신의 보급으로 머지않아 종식될 것이다. 이 상황이 끝나면 그동안 더 노력하고 새로운 것에 도전한 팀들은 더 큰 결실을 맺을 것으로 확신한다.

전염병은 인류에게 반복되는 역사다. 일희일비하지 말고 내가 해야 될 일을 매일 집중적으로 하는 것이 중요하다. 당신이 이 사업으로 성공하기를 결심했다면 '나는 간다! 바람이 불어도'라는 의지가 필요하다. 문제만 생기면 왜 안 되는지에 집중하기보다는 어떻게 이 상황을 뚫고 나갈 것인지를 고민해야 한다. 사람이 희망이 없을 때 가질 수 있는 유일한 것도 희망이다. 현재에 안주하지 말고 끊임없이 배워서 자신의 목표를 이루자.

2부

네트워크 마케팅 사업의 본질

Network Marketing

시스템 속에 돈 버는 길이 있다

네트워크 사업은 시스템과 노동력을 활용해 나의 시간과 경제적 자유를 얻는 일이다. 누구나 이 사업에서 성공을 할 수 있는 이유는 개인의 능력을 뛰어넘는 시스템이 갖춰져 있기 때문이다. 생소한 분야의 이 사업을 시작했다면 자만심을 버리고 회사의 시스템 안에서 배워야 한다. 그래야 시행착오와 시간의 낭비를 최소한으로 줄일 수 있다. 시스템에 합류해 학습하고 느끼고 변화하여 많은 파트너를 그 자리에 앉히면 성공할 수 있다. 시스템 활용을 가장 잘하는 사람이 네트워크 마케팅 사업에서는 가장 실력 있는 사업자이다.

시스템의 어원은 'Save Your Self Time Energy and Money'의 첫 글자들의 합성어이다. 글자 그대로 시간과 에너지를 비축하는 체계라는 뜻이다. 네트워크 사업자는 소비자가 회사와 제품을 신뢰하고 평생 반복 구매하기를 원한다. 가망 파트너들이 사업자가 되어 사업을 해야 되는 이유를 스스로 찾고 비전을 공유하기를 기대한다. 그들이 자발적으로 움직이게 하기 위해서는 회사와 스폰서가 만든 교육 시스템을 활용해야 한다. 내가 직접 하는 것보다 훨씬 효율적이고 빠르게 조직을 구축할 수 있다. 시스템이란 특별한 프레젠테이션 능력이 없어도 따라 하기만 하면 성공이 복제되는 성공 체계이다. 로버트 기요사키는 부자가 되려면 자본이 자신을 위해 일하게 만들어야 한다고 말한다. 돈이 돈을 버는 시스템을 구축한 사람은 돈을 위해 일하지 않는다.

시스템을 소유하는 방법은 다음과 같이 세 가지로 나뉜다.

첫째, 대기업과 같이 시스템을 만든다. 둘째, 시스템을 산다.(맥도날드, KFC, 스타벅스 등이 있다.) 셋째, 시스템을 활용한다.(네트워크 마케팅이 있다.) 기업 운영은 소수의 천재들의 영역이고 이 시스템을 구매하려고 해도 막대한 자본이 필요하다. 그러나 회사가 만들어 놓은 시스템을 활용하면 타인의 시간과 노동을 복제하여 소득을 무한 증식시킬 수 있다.

가끔 시스템을 소홀히 하는 파트너를 만나면 세미나 등에 참석하지 못하는 핑계를 댄다. 당장 시스템에 참여한다고 소득이 불어나지 않기 때문이다. 우리 조직은 어린아이를 키우는 엄마가 많은데 그들은 내가 자녀가 없기 때문에 자신들의 사정을 이해하지 못한다고 생각한다. 하지만 시스템을 활용하여 조직을 구축하는 일만큼은 그 어떤 일에서도 양보할 수 없다. 시스템이 없는 회사를 만나거나 자신이 그 시스템에 적극적으로 동참하지 않으면 실패는 뻔하다. 나는 양심이 있는 스폰서라면 파트너에게 시스템을 일순위로 안내하는 것은 너무나 당연하다고 생각한다.

당장 매출이 직결된 것도 아닌데 시스템 참여를 강조하는 이유가 있다. 첫째, 사업을 시작했다가 쉽게 그만두는 사람들의 대부분은 소속감을 느끼지 못하기 때문이다. 사람에 치이고 실적에 지칠 때 시스템 속에서 같은 뜻을 가진 수많은 사람으로부터 위로를 받고 힘을 얻는다. 둘째, 처음 시작하는 사업자들의 궁금증을 해소할 수 있다. 보상플랜과 제품 설명뿐만 아니라 '하우투(How to)' 교육과 인문학 강의 등 사업에 대한 종합 교과서 역할을 한다. 사업자는 참여할수록 탄탄한 지식으로 확신이 높아지므로 다른 사람을 이끌 수 있는 힘이 생긴다.

네트워크 마케팅 사업에서 가장 중요한 자질은 열정을 유지하는 능력이다. 초보일수록 처음에 대단한 포부와 열정을 가지고 지인들을 만나 사업을 전달한다. 그들은 사업에 대한 깊은 지식이 없기에 거절당하기도 쉽다. 본격적인 사업을 시작하기도 전에 그들의 성공 의지는 바닥을 치게 된다. 숯덩이도 화로 밖으로 나오면 식는다. 이 식은 열정을 강의를 들으면서 다시 붙태울 수 있게 된다. 회사가 준비한 프로그램을 들어야 열정이 유지되어 그 힘으로 상대를 이끌어 줄 수 있는 것이다.

성공한 사람들의 이야기를 들어 보면 사연 없이 성공한 사람은 없다. "나도 그랬었어, 많이 힘들지? 조금만 더 힘내자!" 무대 위의 성공자들의 스피치는 마치 나를 위한 위로의 말 같다. 나도 그들의 이야기를 들으면서 상처를 치유하고 다시 용기를 낼 수 있었다. 리더가 되기 위해서는 인문학 강의를 들으며 자질을 배웠다. 사실 시스템에서의 강의 내용은 70~80%는 같은 내용이 반복된다. 내가 시스템에서 준비한 모든 교육을 들은 이유는 스스로 사업자가 될 준비를 하고 싶었기 때문이다. 처음 해보는 일임에도 불구하고 시스템에 제대로 안착했기에 빠르게 사업자로 성장할 수 있었다.

시스템은 그 회사가 사업자의 성공을 돕기 위해 오랫동안 개발한 교육 프로그램이다. 홈 미팅, 랠리(rally), 사업 설명회, 성공 아카데미, 컨벤션, 팀 미팅, 제품 데이 등이 포함된다. 시스템은 사업자가 어떻게 해야 성공할 수 있는지를 안내하는 안내자 역할을 한다. 치킨 프랜차이즈 가맹점은 치킨 튀기기와 포장하는 법, 심지어 매장 청소법까지 모두 배운다. 네트워크 마케팅 사업도 이와 똑같다고 이해하면 된다. 내가 사업을 시작했으면 어떻게 사업을 진행해야 하는지를 회사와 그룹에서 배워야 된다.

회사와 제품 그리고 보상플랜에 대해서 정확히 알면 확신이 생겨 제대로 안내할 수 있다. 하우투 교육에서는 명단 작성법부터 리쿠르팅 노하우까지 무엇을 어떻게 해야 하는지를 알려준다. 1박2일 성공 스쿨 또는 승급식 현장에 가면 엄청난 열정을 받고 가슴이 뛰게 된다. 화려한 성공자들의 멋진 모습을 눈에 담으면서 반드시 성공하겠노라 의지를 다지는 것이다. 이 사업은 초기 비용 투자가 없으니 사업자들이 언제라도 쉽게 포기할 수 있다. 이 마음이 흔들리지 않도록 강력하게 붙잡는 역할이 바로 시스템이다.

지금도 사업자들에게 줌으로 매주 제공되는 제품 교육에 참석할 것을 당부한다. 신제품은 매달 출시되는데 사업자들이 따로 시간을 내서 공부하기란 쉽지 않다. 회사의 공신력 있는 자료를 기반으로 다른 사업자들의 다양한 체험담을 듣는 시간은 큰 도움이 된다. 강의를 들으면서 스스로의 부족함 점을 깨닫고 결의에 차게 된다. 무엇보다도 일일이 내가 파트너에게 직접 전달하기 힘든 이야기를 성공자의 입을 통해 들을 수 있다.

네트워크 마케팅에서 성공한 사람들은 시스템에서 활용할 수 있는 모든 교육을 들었다는 공통점이 있다. 먼저 끝없이 배우고, 스스로 용기를 얻은 뒤 성공한 사람의 방법을 효율적으로 배우자. 성공자들은 자신의 노하우를 혼자만 써먹는 것이 아니라 파트너와 나눈다. 즉, 내가 어떤 능력이 있는가가 중요하지 않고 '얼마만큼 쉽게 복제될 수 있는가?'에 초점을 둔다. 자신이 직접 설명하려고 하는 것보다 성공 시스템의 복제가 일어나는 교육에 파트너를 앉히는 사업자가 성공 확률이 높다.

사업자는 우여곡절 끝에 파트너가 나왔는데 그 다음 단계로 움직이지 않아 애를 태울 때가 있다. 파트너가 스스로 비전을 보고 알아서 움직이면 좋겠는데 생각처럼 쉽지 않다. 사업 설명, 라인 미팅 등을 통해 오해가 이해로 바뀌고 확신이 생겨야 스스로 움직인다. 사업자들이 시스템을 통해 끊임없이 배우는 것은 중요하다. 일정 시간이 지나도 혼자 시스템에 앉아 있는 사람들은 안타깝다. 더 안쓰러운 것이 있다면 자신이 시스템을 개발하려고 하는 사람이다. 회사는 프랜차이즈 회사와 마찬가지로 완벽한 시스템을 보유하고 있다. 굳이 개발하는 데 에너지와 시간을 쓸 필요가 없다.

나는 어릴 때부터 교회나 학교에서 늘 무언가를 기획하는 것을 좋아했다. 이 기질이 발동이 되어 사업 초기에는 끊임없이 새로운 무언가를 개발했었다. 시간이 지날수록 나는 점점 더 바빠졌고, 그 누구도 나의 기획력과 추진력을 따라 할 수 없다는 것을 알게 되었다. 복제가 쉽지 않다면 전파력이 떨어진다. 이때 개인의 능력의 절제미가 중요하다는 것을 깨달았다. 그 후로는 1박 2일 세미나에 내 파트너가 몇 명이 오는지에 전념하기 시작했다. 그 행사에 인원을 최대한 동원하기 위해서 집중하고 노력했다. 파트너들이 이곳에서 사업 열정을 다시 불태우고, 의지를 키워나간다는 것을 알기에 목숨 걸고 그들을 독려했다.

네트워크 마케팅 시스템은 80년 이상 연구된 성공 메뉴얼이다. 실제로 성공한 사람들은 자신의 고집을 버리고 시스템 덕분에 성공했다고 말한다. 이 사업은 개인의 능력이 아닌 얼마나 시스템을 잘 활용하는지로 평가받는다. 학벌이 낮고 경험이 적더라도 최선을 다해 시스템에 접속한 사람이 성공할 수 있다. 모든 성공자들은 시스템에 내 파트너를 부지런히 앉혔다. 제품에 좋은 반응을 보이는 소비자에게 "써 보고, 들어도 봐."라고 무한 반복하는 것이 성공의 열쇠이다.

Network Marketing

네트워크 사업이 방판이라고?

가끔 "나는 파는 일은 자신이 없어 이 사업은 나와 잘 안 맞는 것 같아요."라고 말하는 사람들을 만난다. 이들은 사업을 진행하면서도 자신이 어떤 일을 하고 있는지 정확히 이해를 못한 것이다. 또 매달 마감이 있는 영업직이 신물이 나서 이 일을 시작한 사람이 많다. 그들은 끊임없이 물건을 사줄 사람을 찾아다니기 힘들어서 이 일을 선택했다고 한다. 방판 영업과 네트워크 마케팅 사업은 근본적인 개념도 다르고 추구하는 소득의 방향성도 다르다. 무엇이 더 나은가의 문제라기보다는 사업의 본질에 맞는 방법으로 진행시켜야 한다.

네트워크 사업은 내가 이 사업을 먼저 시작했다는 이유만으로 회원들이 내 하부로 들어오는 구조다. 사업의 본질이 바로 매출 공유 시스템이기 때문이다. 타인의 시간과 노동을 소유해서 돈을 버는 일은 기업을 운영하는 것과 맞먹는 일이다. 일반적으로 기업은 비즈니스 모델만 잘 만들어 놓으면, 시스템에 참여하는 사람의 월급을 주면 된다. 네트워크 마케팅 사업은 내가 사업자에게 월급을 주지 않는다는 특징이 있다. 대신 소비하거나 구전 광고를 한 이가 회사로부터 직접적인 보상을 받는다.

방판 영업과 네트워크 마케팅의 차이

방판 영업	네트워크 마케팅
세일즈맨의 기량으로 소비자를 설득해 상품을 파는 행위	상품에 대한 정보를 전달하거나 홍보하는 행위
소비 혹은 일종의 계약이 따르고 즉각 보상이 이루어진다.	실제 소비가 일어나는 시점과 알린 시간의 시간차가 있다.
대부분 단발성 수입을 목적으로 한다.	재구매를 유도하여 권리소득을 만드는 자산 구축이 목적이다.

나는 사업을 하면서 제품을 팔아야겠다는 마음으로 사람을 만난 적이 없다. 고객에게 제품을 매개체로 기회와 정보를 알린다. 회원들은 자신의 아이디를 통해 직접 회사와 거래를 할뿐이다. 아쉬운 소리가 아니라 남을 이롭게 하는 행위라 생각한다. 그들은 차츰 비전을 보고, 사업에 대한 확신이 들면 그때부터는 엄청나게 능동적으로 바뀐다. 다른 사람을 위해서 일을 하는 것이 아니라 바로 자신을 위한 권리소득을 구축하기 때문이다. 10년 동안 내 조직도 꾸준히 확장을 이루어 어느덧 7만 명이 넘는 거대한 조직이 되었다. 나는 직접 월급을 주지 않는 수만 명의 직원을 보유한 큰 회사의 오너가 된 것이다.

권리 수입의 기회가 있는지 없는지의 여부가 방판 영업과 네트워크 마케팅의 큰 차이다. 방문 판매는 내가 파는 것에 대해서만 수익을 얻는 구조로 즉, 단단계 보상이 이루어지는 사업이다. 네트워크 마케팅에서는 자신의 매출뿐만 아니라 하부 사업자나 소비자가 일으킨 매출을 합산하여 수당을 받는다. 용어 그대로 다단계 보상을 해주는 수익 구조가 다단계 사업이다. 이러한 보상 체계로 인해 구매 조직은 일정 시간이 다다르면 폭발적으로 확장하는 성질이 있다. 이 때문에 네트워크 사업이 권리소득이 되는 것이다. 권리를 소유한 사람이 일을 직접 하지 않아도 소득은 계속 나오게 되는 특징이 있다.

네트워크 마케팅에서는 평범한 사람들의 놀라운 성공 스토리를 흔히 접할 수 있다. 전업주부, 초등학교 중퇴자, 심지어 과거 신용불량자도 수십 억 연봉자의 주인공이 될 수 있다. 이 일이 가능하게 된 것은 승수의 법칙이 적용되었기 때문이다. 아인슈타인은 배가의 원리를 8대 불가사의에 비유할 정도로 재산 증식의 효과가 폭발적이라고 했다. 1월에는 나 혼자서 한 사람을 가입하여 후원한다. 다음 달에는 나와 그 후원한 사람이 각각 한 명씩 총 4명을 후원한다. 이런 방식으로 일 년이 지나면 4,096

배수의 놀라운 효과

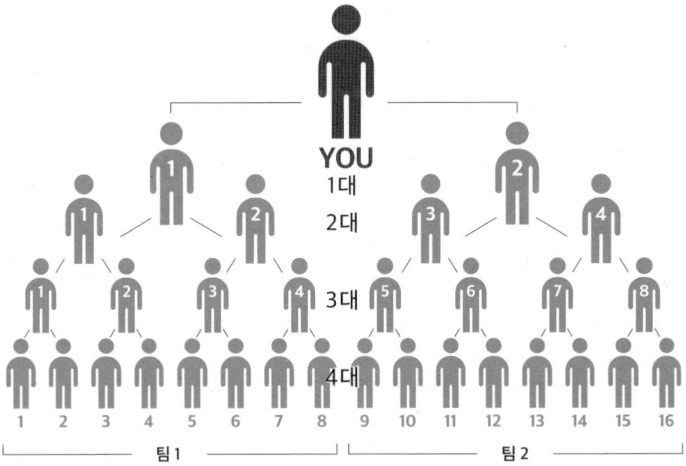

명을 후원하게 된다. 배가의 원리에 따른 기하급수적인 구매 조직 확장이 이루어지는 것이다.

대부분의 사람들은 복리, 배가의 원리와 그 파급력을 이해하지 못한다. 만약 일시불로 10억 원을 받는 것과 매일 두 배로 늘어나는 100원을 한 달간 준다고 한다면 무엇을 선택하겠는가? 대부분의 사람들은 일시불로 받는 10억 원을 선택할 것이다. 하지만 따지고 보면 매일 두 배로 늘어나는 100원을 받는 것이 훨씬 이득이다. 첫날에는 100원을 받고 이튿날은 200원, 그 다음 날은 400원, 30일째는 놀랍게도 530억으로 불어나 있다. 이것이 일반인은 잘 모르는 놀라운 배가의 원리의 파급력이다.

내가 사업을 시작한 초기에 가장 많이 들었던 질문 중 하나가 "유학까지 다녀온 사람이 왜 하필 다단계를 하냐?"라는 말이었다. 그러면 나는 언제나 한결같이 "다단계라서 하는 거예요."라고 대답했다. 말 그대로 수익 정산을 단단계 보상이 아닌 다단계 보상으로 해주는 것이 큰 장점으로 느꼈기 때문이다. 다른 사람의 시간과 노동을 소유하고 시간이 지나면 수입이 배가의 원리로 불어난다. 평범한 나로서는 절대 혼자서 할 수 없는 일이었다.

이 업계에서는 어떤 사람이 사업을 잘할까? 대부분은 프로 세일즈맨의 이미지를 떠올린다. 그들은 제품 설명을 듣자마자 다음 날부터 뛰쳐나가 필사적으로 세일즈를 시작한다. 파는 일에는 이미 도사인 그들에게 낯선 사람에게 말을 거는 일은 식은 죽 먹기다. 그러나 이들에게 내가 아무리 파는 일이 아니라고 말해도 그들은 듣지 않는다. "팔지 않고 도대체 언제 어떻게 돈을 벌 수 있나요?"라며 되묻는다. 열심히 돌아다니며 판매한 그들은 몇 개월 뒤 "엄청 팔아 봤는데 돈이 안 되더라. 함께 하겠다는 사람만 있었어도 그만두진 않았을 텐데."라는 말을 한다. 네트워크 마케팅 사업은 후원을 먼저 받고 배우는 게 중요한 사업이다. 로마에서는 로마의 법을 따라야 돈을 벌 수 있다.

판매 방법을 배우는 것이 아니라 네트워크를 구축하는 방법을 배우자. 후원을 받는다는 것은 스폰서에게 제품 설명과 사업 진행 방법 등을 배우는 것이다. 가능성을 본 회원들이 잘 정착할 수 있도록 돕는 모든 행위가 포함된다. 물건을 못 파는 사람도 스폰서의 후원을 받아 이 일의 가치와 기회를 전달받는다. 처음에는 느리지만 차츰 조직 구축의 가속도가 붙는다. 일반 소비자에게 제품을 전달하면 한 번의 판매로만 끝난다. 그러나 지속적인 제품 교육을 하면 애용자로 거듭날 수 있다. 사업을 후원하고 안내하면 큰 비전을 품은 열혈 사업가로 성장한다. 네트워크 마케팅 보상을 '후원 수당'이라고 부르는 이유가 여기에 있다.

후원이 중요하다고 하니 세일즈맨들은 이것에만 집중해서 닥치는 대로 모든 사람을 후원한다. 시간이 지나 후원한 사람의 숫자는 늘지만 후원한 사람이 금세 시들해지는 현상이 발생한다. 한 사람이 집중적으로 교육하고 후원 관리할 수 있는 인원은 대략 5~6명이다. 이런 현상을 방지하기 위해 《쇼더플랜》의 저자 돈 페일러는 이렇게 말한다.

첫째, 열정적이고 긍정적인 사람을 먼저 후원하라. 둘째, A를 후원하고 A에게 B를 후원하는 방법을 가르친다. 셋째, B에게 C를 어떻게 후원하는지 A가 가르치도록 A를 교육한다. 이렇게 '후원-교육-복제'가 반복되어야만 스스로 확장되는 촘촘한 그물망을 짤 수 있다.

사업을 시작한지 2년이 지나자 월수입이 500만 원 정도가 되었다. 그런데 그때 갑자기 병원에 입원을 했다. 건강은 쉽게 호전되지 않았고 6번의 수술을 하면서 일 년이란 시간을 보냈다. 그동안 권리 소득을 만들기 위해 이 일을 한다고 늘 사람들에게 말했다. 병원에 있는 동안 수입이 끊길까봐 걱정도 되었다. 막상 퇴원을 했을 때는 일 년 동안 내 소득은 정확히 두 배로 불어나 있었다. 보통 사람들이 그렇게도 꿈꾸는 월 1,000만 원이 된 것이다. 꿈 같은 일이 벌어진 것 같지만 이 소득을 만들기 위해서 내가 뛰고 달린 시간도 있었다. 파트너들을 부지런히 후원했고, 그들이 또다시 파트너를 교육하고 집중 양성했기 때문에 가능한 일이었다.

혼자서 하는 세일즈는 소득의 확장을 이루기가 어렵다. 그러나 네트워크를 탄탄하게 구축해서 구매 조직이 자동 확장되면 소득은 자연스럽게 불어난다. 후원하고 교육하고, 또 후원하고 교육하는 일을 반복하면서 복제하는 것이다. 기본적인 소비자 그룹을 만드는 것에는 판매 영업을 해 본 경험이 도움이 된다. 교육과 후원을 통해 조직 확장이 이루어지지 않으면 호기롭게 시작해서 초라한 결과를 맞이할 수도 있다. '파는 건 자신 있다'라는 사람은 영업직이 나을 수 있다. 이 사업은 일회적으로 목돈을 버는 것이 목적이 아니다. 추구하는 소득의 성격이 다른 만큼 차근차근 자산을 쌓기 위한 인내와 끈기가 필요하다.

네트워크 사업은 3년은 뛰어 봐야 안다

최근 젊은이들 사이에 '파이어(Fire)족'이라는 단어가 신조어로 떠오르고 있다. 그들은 '경제적으로 자립(Financial Independence)'하여 자발적 '조기 은퇴(Retire Early)'를 꿈꾼다. 부자를 공부하고 부자를 배우기 위한 반가운 운동이 시작된 셈이다. 그들은 '먹고 쓰고 입는 비용을 아껴서 주식, 부동산 등에 투자한다. 코로나 위기를 겪으면서 20~30대도 돈이 돈을 불리는 자산 소득에 눈을 뜨게 되었다.

부자는 돈이 자신을 위해서 일하도록 시스템을 구축하는 데 집중한다. 네트워크 마케팅 사업도 자산을 구축하는 데 목적이 있다. 종종 사람들이 "지금 얼마 벌고 계세요?" 혹은 "얼마를 버실 건가요?"라고 묻는다. 이런 질문은 이 사업의 본질을 제대로 이해하지 못한 사람들이다. 얼마나 많이 버는 게 핵심이 아니라 '얼마나 꾸준히 안정적인 소득을 만드냐'의 게임이다. 비용 투자가 없는 대신 네트워크망이 구축되기까지 인내의 시간이 필요하다. 자산 소득을 만드는 목적과 목표가 있다면 일희일비하지 말고 날마다 노력하는 자세가 중요하다. 스스로 조직이 확장되어 임계점을 지나면 물이 펄펄 끓는 날이 반드시 온다.

부자들은 일하는 시간보다 자산을 구축하는 데 훨씬 더 많은 시간을 쓴다. 부자란 단순히 돈이 많은 사람이 아닌 돈으로부터 독립하여 자유로운 사람을 말한다. 수도관이 완성되면 더 이상 노동을 반복할 필요가 없어지므로 안정적인 소득과 자유로운 시간을 누릴 수 있다. 자산을 구축하려면 항상 확장을 염두에 두고 당장의 이익과 상관없는 일에 더 몰두해야 된다. 눈앞의 이익은 대체로 자산 구축과는 거리가 멀다. 문제는 자산은 안정적인 소득이지만 구축하는데 시간이 걸린다. 열심히 하다가도 당장 성과가 안 보이니 원래의 목적을 잃고 중도 포기하는 사람들이 안타깝다.

네트워크 사업을 중국 동부 지방에서 서식하는 모소대나무에 비유를 한다. 모소대나무는 씨를 뿌리고 4년이 지날 때까지 땅 밖으로 불과 3센티미터 밖에 싹이 나지 않는다. 5년 정도가 흐르면 하루에 30센티미터씩 6주 만에 무려 5미터씩 자라 찬란한 대나무 숲을 이룬다. 그동안 자라지 않은 것이 아니라 먼저 땅속으로 끊임없이 뿌리 내리는 작업을 한 것이다. 그 다음 깊고 탄탄한 뿌리를 내려 땅속으로 수백 미터를 뻗어 나간다. 네트워크 사업도 이와 마찬가지다. 마르지 않는 샘물을 마시기 위해 가장 먼저 해야 할 일은 수도관을 설치하는 것이다.

9개월 동안 나와 함께 하겠다는 파트너가 나오지 않아서 1박 2일 석세스 스쿨을 혼자 다녔다. 하루는 혼자만 세미나 오는 게 서러워서 무릎 사이에 고개를 박고 울었던 적도 있었다. '미래의 내 파트너는 어디에 있을까? 나오기만 하면 내가 배운 모든 노하우를 전수해 주리라!'

어느 날 같은 교회를 다니는 언니가 자신의 올케를 소개하며 통영까지 가 볼 수 있냐고 물었다. 어디든 갈 수 있다고 대답하고, 얼굴 한 번 본 적도 없는 그녀를 만났다. 그녀는 나와 동갑내기로 이미 아이가 세 명이 있는 주부였다. 섬에서 아이들을 키우고 있는 터라 솔직히 큰 기대는 없었다.

그녀는 첫 만남에 대뜸 "수련 씨 얼마 벌어요?"라고 물었다. 생소한 질문에 당황한 나는 "배배백…오오십 만… 원 벌어요."라고 대답했다. 사실은 그 당시 나의 월 소득은 50만 원이 채 되지 않았지만 속으로 어차피 그 돈은 앞으로 벌게 될 것이라며 스스로를 타일렀다. 그녀는 곧 반짝이는 눈빛으로 "좋아요, 전 30대에 통영에 갑부가 되고 싶어요. 수련 씨가 저 도와주실 수 있으시죠?"라고 말하는 것이었다. 내 귀를 의심하는 순간이었다. 그날부터 혼자가 아닌 둘이 되어 열심히 사업을 알렸다. 지금은 그녀도 30대에 일 억 연봉자가 되었다. 네트워크 사업은 찔레꽃처럼 여러 번 자주 피지 않고 나중에 화려하게 피는 장미꽃과 같다.

가끔은 부득이하게 내 소득을 대중 앞에서 공개해야 할 때가 있다. 누군가는 이렇게 말한다. "내 친구는 장사하는데 그것보다 더 많이 벌어요." 네트워크 마케팅은 돈을 가장 많이 버는 사업도 아니고 가장 빨리 버는 사업도 아니다. 다만 가장 안정적으로 오랫동안 벌 수 있는 사업이다. 우리는 현실이 힘들거나 나이가 들면서 자신의 노후를 책임져 줄 마르지 않는 소득을 원한다.

네트워크 마케터는 노동을 하지 않아도 나오는 꾸준한 인세 소득을 위해서 일한다. 열심히 구축한 유통망은 그 사람의 평생 자산으로 간주되어 매주 수당이 나오고 또 상속된다. 그런 의미에서 네트워크 소득은 몇 백억 현금보다 훨씬 더 가치 있는 소득이다.

세미나에 유독 지인 초대가 없는 파트너가 있다. 그분은 그 당시 월 200만 원 정도 벌고 있었는데 500만 원 정도가 되면 그때서야 지인들을 찾아갈 것이라고 했다. 드디어 그분의 월 소득이 약 500만 원이 되었고 이번에는 월 1,000만 원은 벌어야 동창들을 만나 돈 번다는 이야기를 할 수 있을 것 같다고 말했다.

어느 날 나는 그분과 함께 그분이 소개해 주는 파트너를 만나러 나갔다. 그때 대략 내 월수입이 1,300만 원 정도 될 때쯤이었다. 그런데 그분은 내가 한 달에 월 3,000만 원을 번다고 소개하는 것이었다. 일을 하지 않아도 벌 수 있는 소득이 1,300만 원인데 이 돈이 적게 느껴지는 것일까? 이 수입은 수십억 자산가가 한 달에 벌어들이는 이자 소득과 맞먹는 금액이다.

이 사업에서 실패하는 사람의 특징은 너무 쉽게 생각한다는 것이다. "일단 일 년만 해볼게요." 시스템을 구축하는 데만 최소 2~3년은 걸리는데 일 년을 해보고 무엇을 기대할 수 있을까? 추가적인 수입 정도는 벌 수 있지만 처음부터 그만둘 시기를 생각한다면 성공하기가 어려울 것이다. 직장인은 부업으로도 할 수 있기 때문에 꾸준하게 시간을 투자할 때만이 구매 조직이 구축된다. 어떤 사업이든지 인풋이 있어야만 아웃풋이 있다. 이 사업 역시 시간과 열정, 비용이 투자되는 사업이다. 일정 궤도에 오르기까지 시간이 걸리지만 임계점을 찍으면 고정적인 인세 수입이 들어온다. 이를 위해 초기 2~3년은 적극적으로 직접 발로 뛰어야 한다.

19세기 말 애리조나 주의 톱스톤에는 금광맥을 찾는데 혈안이 되어 있는 달비라는 사람이 있었다. 그는 몇 년 동안 철저히 조사를 한 뒤 금광이 파묻혀 있다고 의심되는 작은 산을 찾았다. 그 뒤, 200미터나 땅속 깊이 파들어 갔다. 시간이 지나도 황금맥을 찾지 못하자 그는 결국 실망한 채 그곳을 떠났다. 10년 후 한 탄광 회사에서 우연히 그 갱도를 찾아냈고 그곳을 파보았다. 그곳에는 이제까지 발견한 적 없는 풍부한 광맥이 묻혀 있었다. 더욱 놀라운 점은 광맥이 발견된 지점이 달비가 파기를 중단했던 곳에서 1미터밖에 안 되는 지점이었다. 중도 포기하지 않고 1미터만 더 파내려 갈 끈기와 인내만 있었다면 어땠을까?

나는 유튜브에서 네트워크 전문 채널을 운영 중이다. 알고리즘이 자연스럽게 네트워크 마케팅 채널로 나를 안내한다. 유독 조회 수가 높은 영상들이 내 눈길을 끈다. 썸네일은 하나 같이 비슷한 패턴들이다. '어떻게 하면 빨리, 쉽게, 한방에'라는 수식어로 문장이 시작된다. 나는 이런 문장을 좋아하지 않는다. 모래 위의 집을 짓듯이 급하게 높이, 크게 이룬 성과는 반드시 무너지게 되어 있다고 생각하기 때문이다. 단숨에 목돈을 버는 것이 아니라 꾸준히 자산을 쌓는 일이므로 반드시 인내와 끈기가 필요하다. 사업에서 가장 필요한 열정은 조급함의 반대라는 사실을 기억하자.

네트워크 사업은 다른 사람의 시간을 복제함으로써 시간과 경제적 자유를 누리는 사업이다. 사업 초기에 빠르게 구매 조직을 구축하는 뛰어난 사람도 있다. 대부분의 평범한 사업자는 구매 조직을 구축하는 데 많은 시간이 걸린다는 것을 이해하자. 누구에게나 반드시 인내의 시간이 소요되는데 이때 심리적으로 위축될 수가 있다. 시간이 걸리더라도 조직에 확장성이 자동적으로 작용할 때까지 꾸준히 조직을 키워야 한다. 자신이 이 사업을 시작한 이유가 확실하다면 최소 3년은 뒤돌아보지 말고 끈기 있게 가자.

3부

네트워크 마케팅 성공법 Ⅰ: 멘탈이 강해야 이긴다

나의 마음을 바꾸면 외부를 통제할 수 있다

현실은 녹록치 않고 생각처럼 사업에 속도가 붙지 않아 애를 먹는 사업자들이 있다. 그들은 그 원인을 스폰서가 능력이 없고 회사 제품이 좋지 않기 때문이라고 생각한다. 이들은 사람의 내면에는 엄청난 가능성이 존재한다는 것을 잘 모른다. 이 사업에서 충분히 잠재력이 발휘되고 있는지 여부는 오로지 자신의 정신에 달려 있다. 정신이 육체를 지배한다는 것만 깨우친다면 누구보다 강력한 능력을 발휘할 수 있다.

네트워크 마케터는 올바른 마음가짐을 가져야 한다. 핸리 포드는 "당신이 할 수 있다고 믿든 할 수 없다고 믿든 믿는 대로 될 것이다."라고 말했다. 어려운 일이라고 스스로 한계를 지으면 무의식적으로라도 표정과 행동으로 드러나게 마련이다. 일을 잘하고 싶다면 평소에 정신적 프로그래밍 훈련이 필요하다. 무대 위의 성공자들을 보면서 나도 저 자리에 오를 수 있다고 생각하며 잘할 수 있다는 마음을 먹어야 한다.

코로나로 인해 회사는 잠정으로 교육 센터를 폐쇄했다. 답답한 마음에 그날부터 유튜브에서 라이브 방송을 시작했다. 내용은 절대 가볍지 않은 먹고사는 주제인데 내 모습은 우스꽝스럽다. 방송 중에 무지개색 가발을 쓰고 고음 불가를 무릅쓰고 춤을 추며 노래를 했다. 포스트 코로나 세대의 회원들은 '로얄 리더스가 왜 이리 경망스러울까?'라며 생각할지 모른다. 나는 내가 네트워크 마케팅을 재미있게 알려주는 예능인이라고 생각하고 방송에 임한다. 연예인처럼 외모가 예쁜 것은 아니어도 지금 네트워크 마케팅계의 연예인이 되었다.

사업을 하다 보면 크고 작은 문제를 만난다. 진짜 문제는 닥친 그 난관을 어떻게 바라볼 것인가 하는 것이다. 환경은 주어진 것이 아니라 받아들이는 마음이 만드는 것이다. 긍정적인 생각은 마음과 환경을 좋게 바꾸어 놓는다. 코로나로 어렵지만 지금이 네트워크 사업을 할 때이다. 인세 수입에 대한 관심이 높아졌고 교육 시스템도 온라인으로 바뀌다 보니 정보를 쉽게 접할 수 있다. 결국 이 사업도 우리가 어떤 시각으로 문제를 바라볼 것인가에 대한 문제이다. 멋지게 사업에 성공하려면 위기 속에 기회를 찾으려는 긍정적인 자세가 필요하다.

코로나 바이러스는 누구에게나 위험하다. 똑같은 환경의 변화를 겪고 있는데 그에 대한 반응과 해석이 천차만별이다. 어떤 사람은 교육 시스템이 비대면으로 바뀌니 멀어서 자주 보지 못했던 파트너를 더 자주 볼 수 있어서 좋다고 한다. 이들은 포스트 코로나 시대에도 불구하고 매출이 급증했다. 반대로 소비자를 만나지 못하는데 어떻게 사업을 할 수 있느냐며 반문하는 사람들도 있다. 네트워크 사업은 시공간을 초월해 어디서든 스마트폰 하나만 있으면 소비자를 만날 수 있고, 비용도 절감되는 장점이 있다.

네트워크 마케팅 사업은 인간관계 비즈니스이다. 성공한 사람들의 특징은 감정 통제가 뛰어나 다른 사람의 감정에 동요되거나 휘둘리지 않는다. 감정적으로 대처하지 않고 더 나은 대안을 준비한다. 결국 상대를 자신의 편으로 만든다. 프로들은 자기감정을 다스릴 줄 알기 때문에 사소한 일에 쉽게 흥분하지 않는다. 그들은 자신의 감정은 분리시키고 사실을 전달하는 데 집중한다.

코로나 19가 처음 발병했을 때 중국 우한에는 '카더라 통신'이 계속해서 흘러 나왔다. 대부분의 사람들은 공포심에 떨며 감정 통제가 잘 되지 않았다. 점차 시간이 흐르고 바이러스에 대한 정보들이 밝혀지면서 방역을 위한 필요한 지침들이 공유되었다. 과학적인 올바른 생활 습관을 갖추게 되면서 점차 코로나 19에 대한 막연한 불안감은 줄어들었다. 사업에서도 변화된 환경에 적응을 못하고 감정적으로 대처하는 것은 도움이 안 된다. 코로나로 인해 모두가 불편한 것은 맞지만 그렇다고 모든 사람이 힘들다고 아우성치지는 않는다.

나는 성격이 급하고 다혈질이어서 네트워크 사업을 하는 데 어려움이 있었다. 사업을 하다 보면 하루에도 각종 문제들이 발생할 때가 많다. 어느 날 내가 표출하는 감정이 파트너들에게 고스란히 전달된다는 사실을 깨달았다. 감정은 전염되는 데 부정적인 감정은 더욱 빠르게 전염된다. 내 기분에 따라 그룹 전체의 태도가 흔들렸다. 감정을 분리하는 연습을 하기 위해 내가 느끼는 감정을 위에서 아래로 내려다보는 훈련을 했다. 이 사업에서 프로가 되는 첫걸음은 감정의 주인이 되어야 한다.

인간이란 어렵다고 인식한 일은 절대로 해낼 수 없는 존재다. 인간의 뇌는 90%의 무의식의 영역과 10%의 의식의 영역으로 이루어져 있다.

이 사업이 어렵다고 생각하는 순간 이미 부정적인 생각을 떠올리게 된다. 그러면 우리 뇌를 100% 힘 있게 쓸 수가 없다. 과거에는 '사람이 하늘을 날 수 있게 될 것'이라고 했을 때 대부분의 사람들이 비웃었다. 그러나 미국의 라이트 형제가 1903년 플라이어호로 첫 비행에 성공했다. 결국 생각이 실력이고 꿈꾸는 능력이 성공 여부를 판가름 짓는 것이다.

Network Marketing

책임감이 나를 성장시킨다

네트워크 사업자는 회사에 소속된 직원이 아닌 독립된 자영업자 개념이다. 스스로 세운 목표에 따라 활동 시간을 정하고 사업을 진행한다. 그 누구도 강제성을 부여하지 않는 만큼 일어나는 모든 결과에 대해서도 스스로 책임을 져야 한다.

트루먼 대통령의 백악관 집무실에는 '모든 책임은 내가 진다'라는 글귀가 있었다. 네트워크 사업도 마찬가지다. 내가 이끄는 조직에서 일어나는 일은 스스로 책임진다는 각오를 해야 한다. 책임감이 강한 사업자는 스폰서나 동료들이 모두 신뢰한다. 파트너들은 그를 든든한 리더라고 생각할 것이다. 물론 내 조직 안에서 내가 개입된 일만 책임지는 것이 아니다. 설령 내가 모르고 있었던 일조차도 책임을 진다는 마음 자세를 갖고 있어야 한다. 이 사업은 하위 파트너의 매출을 서로 공유하는 시스템이다. 그래서 잘된 일뿐만 아니라 잘못된 일도 모두 책임진다는 각오가 있어야 사람들이 나를 믿고 따를 수 있다.

매순간 우리는 선택의 갈림길에 서 있고 어느 쪽이든 더 나은 선택을 하기를 원한다. 자신의 실수에 대해서 "나는 모르고 한 일이에요."라고 말하는 사람이 있다. 그러나 마땅한 책임을 지는 태도를 보여주는 것이 성숙한 사업자의 태도일 것이다. 내 조직의 활동이 둔한 것도, 파트너가 바뀌지 않는 것도, 모두 자신이 원인이라는 것을 알아차려야 한다. 그때서야 비로소 조직의 문제가 객관적으로 보이면서 성장할 수 있게 된다.

사람들은 내가 사업을 진행하며 선천적 질병으로 쓰러졌다고 알고 있지만 그렇지 않다. 그 당시 내게 극도의 스트레스를 주는 사업자가 있었다. 그 사람의 행동이 너무 억울해서 일주일간 동안 매일 밤 새벽까지 울며 잠이 들었다. 결국 그것이 화근이 되어 쓰러졌지만 근본적으로는 내 감정을 다스리지 못한 채 건강관리에 소홀했기 때문이다. 모든 것이 내 탓이라고 생각하니 원망하는 마음이 사라졌다.

성공한 사람들은 자신이 원하는 성과를 만드는 데 집중할 뿐이지 다른 사람을 탓할 시간이 없다. 자신의 일이 안 되는 이유를 스폰서나 파트너 탓으로 돌리는 사람이 있다. 비관주의자들은 애꿎은 바람만 탓하지만 낙천주의자들은 방향이 바뀌기를 기다리며 준비한다. 평범한 사업자들은 가망 고객들이 여러 가지 이유로 제품을 구매해 주거나 자신의 일에 관심을 보이지 않는다고 불평한다. 성공한 네트워크 마케터는 어떻게 적절한 가망 고객을 찾고 관리할지에만 집중하고 온힘을 쏟는다.

네트워크 마케팅은 마음에 사람을 담는 일이다. 내가 품고 포용하는 회원의 숫자만큼 조직이 커진다. 결국 내 마음을 먼저 깨끗이 비우고 그릇의 크기를 키워야 한다. 사업을 하면서 크고 작은 실패를 경험하는 것은 필연적이다. 그때마다 다른 사람 탓하는 사람은 절대로 성공할 수 없다. 실패 자체는 나쁜 것이 아니다. 이 경험을 통해 배우고 성장하는 사람만이 있을 뿐이다. 남 탓을 할 시간에 자신의 실수에서 미흡한 점을 발견하고 고민하며 변화하라. 자신이 처한 상황을 어떻게 바라보는가는 온전히 자신의 책임이다.

성공하는 사람은 자기반성을 통해 변화를 이룬 사람이다. 이들 안에는 공통적으로 '변화하려는 의지'와 '자신을 돌아보고 반성하는 습관'이 늘 내재되어 있다. 다른 사람의 비판에 귀를 기울이며, 늘 새로운 것에 적응할 준비를 한다. 자기반성이야말로 변화와 발전을 위한 가장 중요한 자세이다. 자기반성이라고 하면 '난 왜 이 모양일까?'와 같은 자기비하를 떠올리기 쉽다. 자기반성과 자기비하는 엄연히 다른 것이다. 자기반성은 자신의 한계를 직시하되 한계를 극복하려는 긍정적인 변화와 노력의 움직임이다.

영국의 역사가 토인비는 '휴브리스(hubris)'라는 말을 했다. 과거 자신의 능력을 찬양함으로써 오류에 빠지게 된다는 뜻이다. 휴브리스는 자신이 예전에 경험한 것만 최고라고 생각하고 절대적 진리로 믿는 오만을 말한다. 주변 사람들의 생각이야 어떻든 관계없이 과거에 했던 방식대로 일을 밀어붙이다가는 실패한다. 역사뿐만 아니라 네트워크 사업에서도 자신을 되돌아보는 겸손한 마음을 가지고 있어야 한다.

잠시 나의 옛 이야기를 해보면 내게 이 사업의 정보를 준 사람은 나를 가입만 시키고 두문불출했다. 그 서운함은 이루 말할 수가 없었다. 나만 직속 스폰서가 없어서 힘들고 어렵다고 생각했다. 자연히 업라인 스폰서도 내게 관심이 적은 것 같다고 생각했다. 업라인 스폰서를 만날 때마다 옆에 있지도 않는 그분 탓을 늘어놓았다. 어느새 업라인 스폰서가 나를 만나는 것을 불편해 하는 것 같았다. 그러자 나를 도와주려는 상위 스폰서마저 모두 등을 돌릴 것 같은 위기감이 느껴졌다. 더 이상 불만불평이 나 원망 섞인 이야기는 꺼내지 않았다.

책임진다는 것은 내 사업의 진정한 주인이 되는 것이다. 네트워크 사업으로 크게 성공한 사람들은 타인에게 책임을 미루지 않는다. 그들은 어떤 일이든지 자신이 모든 책임을 진다. 사업 결과에 책임을 지는 것은 남 탓을 하는 것과는 완전히 다르다. 남 탓을 하면 누구의 잘못인가를 따져 그 책임을 묻기에 바쁘다. 그러나 책임을 지면 어떻게 상황을 개선할 것인가를 고민하게 된다. 이제 스스로가 달라지겠다고 결심하라. 상황을 개선하기 위해 최선을 다하면 그 누구의 탓도 필요 없게 된다.

Network Marketing

일과 제품을 사랑하면 길이 보인다

'네트워크 마케팅 사업이 처음부터 천직이었다'라고 말하는 사람은 거의 없다. 오히려 이렇게까지 성공하게 될 줄은 꿈에도 몰랐다고 말한다. 마케팅이라고 해서 내향적인 사람과 외향적인 사람을 구분 짓기 쉬운데 의미 없는 일이다. 네트워크 사업은 특별한 적성이 필요한 일이 아니다. 대부분의 성공자들은 이웃으로부터 제품을 권유받아 써보고 반해서 이 일을 시작하게 되었다. 더 알기 위해 배우고 노력하다 보니 결국 전문가가 되었다. 이 사업을 잘하기 위해서는 일과 제품에 사랑에 빠져야 한다.

미국의 철강왕 앤드류 카네기는 집안의 장남으로 태어났지만 정규 교육을 제대로 받지 못했다. 그는 집안 형편이 어려워지자 우편배달부로 어릴 때부터 일을 했다. 일은 힘들고 피곤했지만 그는 항상 '나는 전 세계에서 가장 뛰어난 우편배달부가 되고 말테야'라고 생각했다. 그의 생각은 자부심과 긍지, 패기로 똘똘 뭉쳐 있었다. 먼저 제품에 반해 네트워크 마케팅 사업을 알아보고 비전을 깨우치면 이 일 자체를 좋아하게 된다. 좋아하게 되면 꾸준히 하게 되고 결국 잘하게 되는 것이다.

모든 성공자들은 완전히 미쳐 일하니 성공에 도달했다고 말한다. 문제는 미치는 게 말처럼 쉽지 않다는 것이다. 머리와는 다르게 열정이 100도로 끓어오르지 않아 답답해 하는 사업자들이 있다. 신들린 듯이 그 일에 몰입하는 사람이 상대방에게 감동을 준다. 네트워크 사업에서 지식 전달보다 열정을 최우선으로 여기는 이유가 바로 이것이다.

예일대 교수인 에이미 추아는 월스트리트 저널과의 인터뷰에서 "잘할 때까지는 재미가 없다."라고 말했다. 네트워크 사업도 재미를 느끼려면 많은 노력을 기울여야 한다. 이 사업의 본질적인 지식인 왜 이 사업을 하는지에 대한 정확한 개념이 정립되어야 한다. 회사의 제품과 보상플랜에 대해 공부하고, 무엇보다 사람에 대한 깊은 이해가 선행되어야 한다. 노벨 문학상 수상 경력의 영국의 작가, 윌리엄 골딩은 빈민가의 3류 필경사였다. 밤낮 직접 손으로 베껴야 하는 작업이 결코 쉬운 일이 아니었지만 결국 이 일을 하면서 문학에 눈을 떴고 노벨 문학상까지 받았다.

자신감이나 자존감이 낮아 일을 하는데 어려움을 느끼고 있다는 사람들이 있다. 일에 대한 자신감은 성격에서 나오는 것이 아니다. 자신이 하는 일과 제품에 대한 강력한 확신에서 나온다. 확신은 무엇을 얼마나 많이 알고 있느냐에서 출발한다. 조직이 커질수록 파트너들을 상담하고, 그들의 심리적인 문제를 돕는 일을 하게 된다. '박세니 마인드 코칭 대표'의 심리 수업을 들으면서 사람에 대한 공부를 많이 했다. 그 후 파트너들을 더 잘 이해할 수 있었고, 상담의 효과가 즉각적으로 나타나 흥미와 보람을 느꼈다. 관심을 가지고 노력하다 보니 결국 전문가가 되었다.

네트워크 마케팅에서 성공한 사람들은 "이 사업은 재미있는 일이다."

라고 말을 한다. 다른 직종에서는 쉽게 맛보지 못하는 특별한 즐거운 경험을 할 수 있다. 질 좋은 제품들을 체험하면서 피부 관리와 건강에 도움을 받는다. 사람들과 만나 꿈에 대해 이야기하고 변화하는 시대의 흐름을 공부한다. 이 사업은 서로를 도와야 하다 보니 깊은 유대관계가 만들어진다. 다른 사람에게 기회를 전달하면서 보람까지 느끼니 행복하다. 네트워크 마케팅을 더욱 잘하고 싶다면 늘 마음속으로 '이 일은 나에게 천직이야!'라고 되새겨 보자.

성공은 서로 도와야 이룰 수 있다

네트워크 사업은 나의 노력과 다른 사람의 노력으로 부를 구축한다. 회사와 스폰서에게 시스템을 제공받아 양질의 제품과 서비스를 소비자들에게 제공한다. 적은 실적이라도 나와 함께 매출을 발생시키는 파트너를 귀하게 여기면 일은 더 잘 된다. 이즈미 마사토의 《부자의 그릇》에서는 '나에게 돈을 가져오는 것은 자신이 아닌 다른 사람이다'라고 말한다. 내 그릇이 아무리 크고 향기롭다고 해도 그 그릇을 판단하는 것은 바로 주변의 사람들이기 때문이다.

코로나 이후 동학개미운동이라고 불리며 주식 시장이 열풍이다. 평범한 직장인들도 부자들의 공식인 재테크, 즉 재물 테크에 관심을 보이기 시작한 것이다. 반면 네트워커들이 소득을 늘리려면 인적자본을 더욱 공고히 하는 재주 테크에 힘써야 한다. 네트워크 사업은 내가 파트너를 돕고 스폰서와 파트너가 나를 도와야 성공한다. 시스템을 활용해서 타인의 노력을 소유하는 일을 하고 있으니 늘 감사해야 한다. 대부분의 성공한 사람들은 "나 같은 사람이 어떻게 이런 도구를 만나 성공을 했지!"라고 고백한다. "기적 같은 일을 만나 비전을 보여준 회사와 스폰서, 파트너에게 무한 감사하다"라고 늘 표현한다.

KBS에서 '감사가 뇌를 바꾼다'라는 프로를 방영한 적이 있다. 감사가 우리 몸에 어떤 영향을 미치는지 실험을 한 방송이었다. 초등학교 학생들에게 3개월간 감사 훈련을 실행한 결과 뇌 피로도와 스트레스가 낮아졌다. 전문가들은 감사를 하면 실제로 뇌가 물리적, 화학적으로 변화하게 한다고 한다. 감사는 행복과 연관된 세 개의 호르몬, 옥시토신과 도파민, 그리고 세로토닌을 활성화시킨다. 이로 인해 삶을 단순히 긍정적으로 보는 것을 초월해 창의적이고 열정적으로 살아가게 만든다.

엄마가 돌아가신 뒤 더 이상 사람들에게 희망과 용기를 줄 수 없을 것만 같았다. '왜 나한테 이런 끔찍한 일이 일어났을까' 하는 원망하는 마음이 들었다. 그러나 마음을 바꾸고 처한 모든 상황을 감사로 받아들이기로 마음먹고, '네트워크 마케팅으로 두 번 사는 여자'라는 닉네임을 달고 무대에 올라가 강연을 했다. 사람들의 반응이 폭발적이었다.

감사의 가장 강력한 힘은 자신이 갖지 못한 것에 대한 불만의 마음을 긍정적으로 바꿔 놓는다. 지금 내가 가진 것들을 들여다보면서 만족의 기쁨을 준다. 어느 때는 필요한 여부와 상관없이 내 조직에 없는 것, 내 스폰서가 못해주는 것에만 집중할 때가 있다. 한번 부정의 늪에 빠지면 나오기가 쉽지 않다. 네트워크 사업에서는 자신의 기분 상태를 나타내는 주파수 관리가 중요하다. 사람이 힘든 상황에서 감사를 떠올리면 부정적인 마음도 뒤집을 수 있는 힘이 생긴다. 오프라 윈프리는 자기 전 감사 일기를 꼭 쓰는 것으로 유명하다.

호주에 거주하는 평범한 가정주부였던 헤일리 바돌로뮤에게 어느 날 우울증이 찾아왔다. 그녀는 지인으로부터 권유받은 감사 일기를 쓰기 시작했다. 매일 감사 일기를 쓰면서 그녀는 자신의 삶의 가치를 발견했고, 완전히 새로운 인생을 살게 되었다.

헤일리는 "저는 감사를 통해 완벽히 다른 사람이 되었어요. 감사 일기를 쓰면서 저의 생각의 회로인 뇌 구조를 재설정했습니다."라고 말했다. 그녀는 감사가 뇌 구조까지도 바꾼다는 사실을 알고 감사의 긍정적인 효과를 완전히 확신했다.

나는 매일 같이 리더들과 함께 감사 일기 쓰기와 확언하기를 한다. 감사 일기를 처음 시작했을 때는 거창한 제목만 찾으려고 했다. 그러나 내 자신이 많은 것들을 이미 너무 당연시하고 있다는 것을 깨달았다. 소소한 모든 것에 대해 감사하는 능력이 개발되었다. 무엇보다 좋은 것은 도저히 감사할 수 없는 상황일지라도 노력하니 마음이 정화되었다. 이제 감사 일기를 쓰는 시간은 나 자신을 격려하는 시간이자 치유의 시간이다.

성공자들의 특징 중 하나는 표현에 후한 사람이다. 항상 사소한 일에도 감사하는 마음을 가지며 실제로 감사의 표현에 적극적이다. 칭찬과 감사의 말로 상대방의 기분을 좋게 만드니 사업도 당연히 잘된다. 감사하는 마음과 적극적인 표현은 놀랍게도 새로운 감사할 일을 부른다. 파트너와 소비자가 올리는 매출이 적다고 불평하는 사람은 돈을 찢는 행위를 하는 것과 같다. 네트워크 사업은 내 입에서 감사가 불평불만으로 바뀔 때가 가장 위험한 순간이다.

니시나카 쓰토무의 《운을 읽는 변호사》에 나온 일화를 소개한다. 거동이 불편해진 시어머니를 지극 정성으로 10년 넘게 돌본 맏며느리가 있었다. 시어머니는 유산의 대부분을 그 며느리에게 상속을 하라는 유언장을 남겼다. 그의 자식들이 유언장 내용에 크게 반발하고 변호사까지 찾아왔다. 흔히 있는 가족끼리의 유산 분쟁이라고 생각했지만 속내는 따로 있었다.

10년 동안 며느리는 시댁 식구에게 자신이 병간호하는 것에 대해 온갖 생색을 냈었다고 한다. 자신 때문에 시댁 식구 모두가 편했으니 감사를 해야 된다고 늘 노래를 불렀던 것이다. 그 여자의 그런 태도는 시댁 식구들에게 유산을 받으려는 계략이라고 의심하게 되었다.

네트워크 사업에서 감사를 잘하는 사람은 마음이 겸손한 사람이다. 자신의 능력으로 된 것이 아니라고 그들은 생각하고 늘 스폰서와 파트너를 먼저 세운다. 성숙한 사업자는 도움을 주고도 자신을 위해서 한 일이라며 자신의 수고는 드러내지 않는다. 10년 동안 사업을 하면서 세 부류의 사람을 만났다. 받은 것을 너무 당연하게 여기고 시큰둥하게 반응하는 사람, 더 줄 것은 없느냐고 재촉하는 사람, 그리고 작은 도움에도 감사해하며 몇 배로 돌려주는 사람이었다.

감사는 내 안에 존재하는 끝없는 욕구를 현재 내가 가진 것에 대한 감사로 바꾸는 행위이다. 감사는 더 많은 성과로 이어진다. 네트워크 사업은 내 편이 가장 많은 사람이 가장 큰 성공을 거둔다. 상대방을 내 편으로 만들 수 있는 가장 강력한 무기가 감사의 표현이다. 회사와 스폰서가 제공하는 교육 시스템을 감사히 여기면 열정적으로 활용하게 된다. 감사가 성공으로 안내를 하고 더 큰 기회를 만들어 줄 것이다.

남과 비교하며 경쟁하지 마라

현대인은 서로 함께 도와야 돈을 벌 수 있는 보상 구조 속에 살고 있다. 내가 소속되어 있는 회사나 사업자와도 경쟁이 아닌 상생을 해야 함께 성공한다. 나보다 늦게 시작했는데 더 잘나가는 사업자를 보면 힘이 빠지기 쉽다. 그러나 이런 일은 또 다른 자극제가 되기도 한다.

자신의 현주소를 무시한 채 남을 이기기 위해 무리한 목표를 세우면 그릇된 오류에 빠지기 쉽다. 성장은 남과 비교하며 얻어지는 게 아니라 어제의 나와 비교하면서 얻어진다. 함께 노력하고 돌진하는 과정에서 경쟁의 긍정적인 면을 찾을 수 있다. 라이벌 의식을 잘 느끼면 성장에 적절한 긴장감을 주고 자신을 발전시키는 원동력이 된다. 하지만 상대를 이기는 것에만 혈안이 되어 있으면 자칫 자신의 속도를 잃어버리기 쉽다. 나보다 잘나가는 다른 사업자를 보게 되면 첫째, '저게 되는 일이었네! 나도 하면 희망이 있군!' 둘째, '나도 저 방법을 배워봐야겠다'라는 생각을 해야 한다. 그들은 나를 자극시키는 경쟁자가 아니라 먼저 시행착오를 해준 인생 최고의 스승이다.

스포츠 신문 인터뷰에서 아사도 마오는 "저는 저 자신만을 이기면 됩니다!"라고 말했다. 하지만 나중에서야 김연아를 이기는 게 목표였다고 고백했다. 처음에는 마오가 압도적인 실력이었지만 나날이 김연아의 실력이 상승세를 타자 조급해졌다. 실제로 마오는 김연아를 꺾기 위해 무리한 도전을 하며 실수를 연발했다.

방상아 SBS 피겨 해설위원은 다음과 같이 지적했다. "마오는 점프의 기본기가 부족한데 트리플 악셀에 점점 더 집착하고 있다." 마오는 김연아를 보면서 열정을 유지할 수 있었지만 어느 순간 자신의 모든 목표가 김연아를 이기는 것으로 바뀌면서 딜레마에 빠진 것이다.

박세니 마인드 심리 코칭 수업 시간 중 "나보다 공부를 못했던 친구가 부동산 투자로 벼락부자가 되었다면 어떤 생각을 해야 될까요?"라는 질문을 했다. 나는 "대출금리가 폭등을 해서 대출금도 못 갚을 상황이 될 거라고 생각할래요."라고 우스갯소리로 대답했다.

그는 "다른 사람의 성공을 축하하지 않고 비아냥거리는 것은 결핍에서 오는 마음이에요."라고 대답했고, 나는 순간 머리를 한 대 쿵 쥐어 박힌 느낌이었다. 자신의 삶에 확신이 있으면 타인의 성공을 진심으로 축하해 줄 것이다. 반대로 그렇지 않다는 것은 어딘가 내 삶이 만족스럽지 않은 것이다. 스스로가 부끄러워지는 순간이었다.

사람들은 성공자들의 화려한 모습을 부러워하지만 그 과정에 대해서는 관심이 적다. 네트워크 사업의 성공은 특별한 재능과 스펙에서 나오는 게 아니라 간절한 노력에 있다. 그럼에도 불구하고 사람들은 재능과 노력 중에 대부분 재능이 더 중요하다고 생각한다. '저 사람은 처음부터 나와는 출발선이 달랐어!'라고 결론을 내리는 것이 마음이 편하기 때문이다. 누구에게나 쉬운 성공은 절대 없다. 남들의 성공에만 침을 흘릴 것이 아니라 이들의 성공 마인드부터 배우겠다는 의지가 있어야 성장할 수 있다.

30대 젊은 나이에 포드 회장 자리에 올랐던 리 아이아코카는 "10년간 열심히 일했더니 갑자기 벼락 성공이 찾아왔다."라고 말했다. 월마트의 창시자 월튼도 "나의 벼락 성공은 다른 벼락 성공과 마찬가지로 20년간의 준비를 거친 결과이다."라고 말했다.

남이 만든 업적을 부러워만 할 것이 아니라 나의 경쟁력을 높이는 것부터 힘써라. 신규 사업자든, 직급자이든 언제나 공부하고 연구하여 자신의 매력 자본을 늘리는 데 힘써야 한다. 배움을 게을리 하는 사업자는 결국 낙오된다.

2년 전에 러시아 법인이 설립되면서 러시아 회원들 가입이 본격적으로 시작되었다. 러시아 지역 사업을 성실히 준비해 오던 타 라인 사업자 중 한 명은 소위 대박이 났다. 6개월 전만 해도 나보다 직급이 두 단계 아래였는데 단박에 연봉 4억 클럽에 입성했다. 신선한 쇼크를 받으면서도 동시에 위기감을 느꼈다. 러시아에서 8년 동안 유학 생활을 했지만 내가 러시아 사업에 전문가가 되는 일은 생각지도 못했다. '실전에서 얼마나 많은 사람에게 이 사업의 기회를 주었는가?'라는 요소는 매우 중요한 일이다.

골프 용어 중에 '타이거 우즈의 역효과'라는 말이 있다. 메이저 대회에 참여하는 선두 그룹 골퍼들은 우즈가 출전하면 평소의 기량을 발휘하지 못한다. 우즈의 스타성은 다른 상위권 선수들의 잠재의식에 침투해 주눅이 들게 만들었기 때문이다. 재미있는 것은 원래 실력이 낮은 선수들은 그의 출전 여부에 상관없이 경기 결과에 큰 변동이 없었다. 잘하는 선수

일수록 우즈가 출전하면 정신이 많이 흔들렸다.

내가 성장하면 내가 속해 있는 팀도 성장한다. 외국어를 배우면 글로벌 사업 확장에 도움이 된다. 필라테스를 배우면 멋진 실루엣을 갖추어 고객을 만날 때 자신감이 생긴다. 리더십에 대해 공부를 하면 파트너 상담에 도움이 된다. 남의 성공을 부러워하고 시기하는 시간에 어떤 노력이든 시도해서 자신의 가치를 높이자. 자신을 더 단단하고 더 멋진 사람으로 만들어 놓으면 사업은 저절로 성장한다. 성공은 주변 환경을 새롭게 하고 사람을 바꾸겠다는 생각에서 얻는 것이 아니다. 나 자신을 바꾸는 것부터 출발해야 한다.

마음의 넓이가 금전적 보상으로 이어진다

좋은 제품을 싸게 전달하면서도 이 일을 어렵게 여기는 사람들이 있다. 네트워크 사업은 '직접 대면하는 인간관계를 이용하여 그물망을 짜는 사업'이다. 제품과 보상플랜에 프로가 되어도 네트워크 사업의 자본인 사람에 대한 이해가 부족하면 조직이 와해될 수 있다. 조직을 이루는 사업에서 중요한 것은 서로가 다름을 인정하는 것이다. 얼마나 많은 사람을 참고 품으면서 기다려 주는가는 네트워크 사업에서의 경쟁력이다.

네트워크 사업에서 받는 수당은 인내하고 포용한 것에 대한 보상이다. 처음에 사업자가 없을 때는 별문제가 없지만 조직이 커질수록 시끄러워지는 것은 필연적이다. 현실은 복잡계이므로 아무리 내가 잘한다 해도 누가 나를 시기 질투할지 모른다. 내 마음의 도량을 키우면 이해가 되지 않는 일들도 없어진다. 상대방보다 힘이 약하고 자존심이 없어서 참는 것이 아니다. 더 비참한 일은 조직이 줄어들어 더 이상 돈이 나오지 않게 되는 것이다.

수년 전에 우리 회사 창업주가 '수당은 꼴값이다'라는 제목의 노래를 직접 작사하여 발표했다. 꼴값의 사전적 의미는 '격에 맞지 아니하는 아니꼬운 행동'을 빈정거려 이르는 말이다. 모든 것을 감내해야 성공까지 이른다는 뜻으로 사업자를 위로하고 격려하기 위해 만든 노래이다.

이제 사업을 시작해서 파트너 때문에 힘든 사업자가 있다면 공감이 될 것이다. 얼핏 들으면 코믹 노래 같지만 이미 성공한 스폰서의 위로와 격려의 말이다. 지켜야 할 사랑하는 사람이 있다면 내 그릇을 넓혀서 참아야 한다. 조직이 시끄럽다는 것은 일이 되어 간다는 증거이기 때문이다.

나는 어릴 때부터 누군가에게 지시하는 것이 당당했으며 결정도 빠른 편이었다. 나보다 나이가 많은 파트너들은 나를 꼴불견이라고 생각했을 것이다. 어느 날 나와 성향이 정반대인 파트너와의 사이에서 나의 인내심은 바닥이 났고 그때 일이 났다. 파트너는 나와 일하는 것이 힘들다고 했고, 나는 당황해서 어쩔 줄을 몰랐다. 그러나 나는 "아, 저 때문에 힘드셨군요! 제가 바뀌겠습니다."라며 사과했다. 그렇게 고비를 넘겼고 지금까지 그와 나는 마음을 나누는 동료로 발전했다.

네트워크 사업은 들어올 때 면접을 보지 않는 만큼 다양한 기질을 가진 사람들이 모여 일한다. 절대로 내 생각대로, 내 계획대로 일이 풀릴 것이라고 기대해서는 안 된다. 다른 사람의 눈에는 내가 이상한 성격과 독특한 기질을 가진 사람으로 보일 수 있다. 남들이 바라보는 내 모습과 내가 생각하는 나는 일치하지 않는다. 이 사실을 받아들이고, 차분하게 대응해야 살아남을 수 있다.

'군자화이부동, 소인동이불화(子曰:君子和而不同, 小人同而不和)'라는 말은 군자는 다른 사람과 생각이 같지 않지만 이들과 화목할 수 있다. 소인은 밖으로는 같은 생각을 하는 것 같아도 실은 화목하지 못하다는 뜻이다. 각자 입장은 달라도 '아 당신, 그럴 수 있다!'라고 수용하는 자세가 필요한 것이다. 남의 흉을 보는 이야기를 듣더라도 같이 욕을 하는 것이 아니라 상대방의 속상함은 그대로 공감해 주는 것이다. 해결책보다 이해받는다는 느낌이 먼저다. 사람의 마음을 어루만지는 일은 인격적으로 깊은 수양과 지혜가 요구된다.

10년 동안 이 일을 하면서 스폰서들에게 언짢은 소리를 들어본 적이 거의 없다. 내가 워낙 주도적이고 완벽하게 일을 처리하는 성격이기 때문일 줄로 알았다. 하지만 많은 파트너들을 직접 겪으면서 아무리 그들을 고치려 해도 사람은 잘 안 바뀐다는 것을 깨달았다. 내가 단점이 없어서 스폰서들이 나를 지적하지 않은 것이 아니었다. 사람이 다르다는 것을 인정하고 자신보다 나이가 어린 파트너의 생각까지도 존중해 주었던 것이다.

이 사업에서 가장 경계해야 할 것은 사람을 돈으로만 보는 것이다. 파트너는 스폰서가 자신을 어떻게 생각하는지 본능적으로 느낀다. 끈끈한 조직으로 키우고 싶다면 부족한 점이 있어도 상대를 격려하고 좋아하는 마음을 먼저 가져라. 성경에는 우리가 어떻게 파트너를 사랑할 수 있는지 잘 나와 있다.

사랑의 첫 번째 덕목은 '오래 참는 것'이다. 내가 처음부터 잘하지 못한 것처럼 파트너도 성장할 때까지 기다려 주어야 한다. 네트워크 사업은 제품이 좋아서 시작한 경우가 허다하다. 보통의 사람들도 교육 시스템을 통해서 리더로 변모할 수 있다. 파트너의 변화의 속도를 기다려 줄 수 있어야 한다.

워렌 베니스 교수는 "리더십에 관한 가장 위험한 신화는 리더는 타고

난다는 관점이다. 이러한 신화에서는 사람이 카리스마가 있느냐의 유무로 리더의 자질이 판단된다. 이것은 터무니없는 소리이며 리더는 태어나는 것이 아니라 만들어진다."라고 말했다.

여신 아프로디테는 피그말리온이 자신이 만든 조각상과 사랑에 감동했다. 그래서 조각상 갈라테이아에게 생명을 불어넣어 준다. 이처럼 자신의 파트너가 타고난 셀프 리더가 아닐지라도 인내와 믿음으로 돌봐야 한다. 언젠가는 그들도 변화하고 성장한다.

파트너 한 명만 나오면 소원이 없겠다고 초보 사업자들은 기도를 한다. 아이러니하게 학수고대하던 파트너가 나왔는데 "제발 저 사람만 안 보면 좋겠다."라고 말한다. 실제로 파트너와 불화를 겪는 직급자를 직접 중재에 나선 적이 있었다. 스폰서에게 먼저 그의 파트너에게 손을 내밀 것을 제안했다. '아니요. 다른 사람 찾으면 되지요'라고 그 스폰서는 거절했다. 결국 그의 파트너는 사업을 그만두었고 조직이 쪼그라드는 데는 긴 시간이 걸리지 않았다. 사업을 하는 10년 동안 "미안합니다."라는 말을 수도 없이 했다. 억울해도 성공을 위해 참아낸 것이 잘한 일이었다.

네트워크 사업을 잘하려면 몸 공부, 머리 공부, 마음공부까지 해야 한다. 부지런히 손발을 움직여 소비자를 구축하고 해당 지식으로 사업의 기회를 설명한다. 내가 남을 화나게 만들고 실망시킬 수도 있다는 사실도 염두에 두어야 한다. 자극이 오면 바로 반응하지 말고, 신중히 생각한 뒤에 움직여도 충분하다. 네트워크 사업에서는 대인관계를 잘하는 것이 성공으로 가는 지름길이다.

운을 부르는 얼굴 표정이 있다

대부분의 사람들은 일상에서의 열정을 잃은 채 자극적인 흥밋거리를 찾아다닌다. 그리고 열정적인 사람의 이야기를 듣는 것을 좋아한다. 이야기에 몰입되어 시간 왜곡 현상을 느낄 때 행복감을 느끼기 때문이다. 상대의 성공 스토리를 들으며 자신의 미래를 상상하기도 한다. 나에게 성공으로 이어지는 특별한 방법을 하나 꼽으라고 하면 다른 사람에게 영향력을 주는 열정이라고 말하고 싶다. 프로 사업자는 자신의 열정을 늘 관리하며 유지하려고 노력한다. 열정이 넘치는 사람들 주위에는 늘 사람이 가득하다.

네트워크 사업에서 열정이야말로 성공의 문을 여는 스마트키이다. 말솜씨가 좀 부족하더라도 열정이 있는 사업자는 이 열정 하나로 부족함을 덮는다. 사람들이 TV 오디션 프로를 보면서 열광하는 이유도 비슷한 이유이다. 무명의 과정부터 성공하기까지의 과정을 지켜보면서 대리 만족하는 것이다. '나도 열심히 노력하면 언젠가는 저렇게 될 수 있겠다!'라는 희망을 갖는다. 다른 사람의 열정을 보면서 '나는 언제 저렇게 미쳐서 일한 적이 있었나!' 하는 반성도 하게 된다. 사업자의 뜨거운 열정은 다른 사람에게 나비효과처럼 퍼져 나간다.

사람들은 내가 투병 생활 뒤에 어떻게 곧장 1억 원 연봉 클럽에 입성하게 되었는지는 궁금해했다. 차츰 나의 인지도가 올라가면서 본사와 그룹에서 강의 요청을 해주었다. 그러나 기관 절개술을 받아 목에 튜브를 삽입했다가 제거한터라 말하는 게 부자연스러웠다. 성대에 힘을 주기 힘들었고, 가장 큰 문제는 발음이 새었다. 강사에게 부정확한 발음은 치명적인 단점이다. 내가 보여줄 수 있는 것은 혼신을 다하는 열정뿐이었다. 무대에 올라간 순간은 불편함을 잊고 최선을 다해 강의를 했다.

네트워크 사업은 보이는 이미지가 중요한 사업이다. 밝고 열정적인 이미지를 만들어야 많은 사람들이 내가 하는 일에 동참하고 싶어 한다. 사람들은 자신의 열정에 불을 지펴줄 열정적인 사람을 원한다. 그래서 나의 그런 모습을 상대에게 심어주는 것이 중요하다. 사람의 뇌는 가장 처음 입수한 것을 가장 오랫동안 간직한다고 한다. 차지도 뜨겁지도 않은 사람을 비즈니스 스폰서로 두고 싶은 사람은 별로 없다. 처음부터 그런 인상을 남기면 두 번 다시는 만날 이유를 느끼지 않게 된다.

시부야쇼조의《외모에는 그 사람의 심리가 반드시 드러나게 되어 있다》에서는 어떤 사람이 아무리 속으로 무언가를 숨기려 해도 겉모습으로 다 드러난다고 한다. 특히 표정이나 말에서 고스란히 정보가 드러난다. 네트워크 사업이 아무리 비전이 있는 일이라고 떠들어도 상대는 동물적인 감각을 발휘해 느낀다. 내가 이 사업에 대한 열정을 느끼는 만큼 상대도 비전을 본다. 상대방을 설득하기 전에 자신의 열정 온도를 점검해 보자.

나는 상대를 만나기 전 몇 가지 준비하는 것이 있다.

첫째, 상대를 설득하려 하지 않고 먼저 내 안의 온도계를 달구는 데 집중한다. 둘째, 아무리 작은 미팅이라도 혼신을 다해서 내 열정을 전달하는 퍼포먼스를 한다. 셋째, 나와 함께 하면 당신도 성공할 수 있다는 최면을 건다. 사람들은 내 이야기를 들으면서 냉소적이었던 자신을 돌아보며 뜨겁게 살아보고 싶다고 한다.

네트워크 사업을 하다 보면 감정의 기복이 찾아올 때가 있다. 많은 사람들과 협력을 하는 사업이다 보니 나만 잘한다고 되는 일이 아니다. 어떤 상황에서도 긍정 마인드를 잃지 않으려면 열정을 유지하려는 훈련을 해야 한다. 매너리즘에 빠진 자신을 그대로 방치하지 말고 적극적인 방법으로 열정을 다시 불태워야 한다.

가끔 열정이 잘 안 생겨 속상해 하는 사람이 있다. 처음부터 열정이 있는 사람은 오히려 소수의 사람이다. 그보다 성실하고 꾸준한 사업의 자세를 지니는 게 더 중요하다. 열정도 훈련으로 키울 수 있다. 열정이 생기는 원동력은 생각이 아니라 행동이다. 열정은 몸을 움직여 성공자의 강의를 듣고 사람을 만나다 보면 생긴다. 사람들은 "어떻게 해야 열정을 받을 수 있나요?"라고 묻는다. 이 질문의 답은 사업 현장에 있다.

네트워크 사업을 하면서 나 혼자만의 힘으로 성공할 수 있는 것이 아님을 깨달았다. 때로 스트레스를 많이 받아 지칠 때면 내 안에 에너지가 고갈된다. 이럴 때는 잠시 가는 길을 멈추고 고객이나 파트너를 만나지 않는다. 사람들은 나를 통해 열정을 받기를 원하기 때문에 몸을 숨긴다는 표현이 더 맞을 것이다. 그때는 업라인 스폰서와 티타임을 가지고 동기부여 동영상을 보며 전환하기 위해 노력한다. 나를 치유하는 일도 업무의 연장선이다.

영국의 수상 처칠은 "성공이란 되풀이되는 실패 가운데서도 열정을 잃지 않는 능력이다."라고 말했다. 열정적인 태도는 긍정적인 분위기를 높여 사람들에게 탁월한 성과를 내도록 만든다. 가마솥의 물은 불이 섭씨 100도에 오르면 끓는다. 99도에서는 단지 그냥 뜨거운 물일 뿐이다. 단 1도 차이가 그냥 뜨거운 물로 남을 것인지 펄펄 끓어오르는 가마솥이 될지를 결정한다. 고작 그 차이가 수십 톤의 기차를 움직이게 하는 강력한 힘을 지닌 증기가 되는 것이다. 마지막 1도를 올리기 위해 잠재의식 속에 있는 열정까지도 끄집어내야 한다. 사업과 삶에 대한 뜨거운 자세를 지니고 있는 사람만이 조직을 성장시킨다.

Network Marketing

거절당했다고 속상해하지 마라

네트워크 사업에서 거절은 사업의 시작을 알리는 신호탄이다. 누구나 처음에는 거절이 두렵고 반갑지 않다. 막상 용기를 내서 말을 꺼냈는데 믿었던 사람들이 거절하면 당황하고 상처받기 마련이다. '이런 이야기까지 들으면서 사업을 해야 되나!'라는 생각에 좌절하기도 한다. 이 심리 게임에서 포기하게 되면 시도조차 못하고 패배자가 된다. '거절은 관심이 있다는 증거이다'라는 적극적인 사고방식으로 거절의 실체를 파악해야 한다. 거절은 오히려 더 큰 기회를 준다는 긍정적인 마음가짐을 갖고 적절한 대체 방법을 배워야 한다.

가망 고객을 만나기도 전에 자신이 받을 거절을 미리부터 걱정하여 움츠러드는 사람이 있다. 막상 용기를 내어 제품을 권유했더니 고객은 흔쾌히 고맙다며 구입하기도 한다. 오랜만에 만난 사람에게 어렵게 "네트워크 사업을 시작했다."라는 말을 꺼냈을 때 대부분의 사람들은 반갑게 호응해 주지 않는다. 그들은 단지 나의 비즈니스에 별 관심이 없을 뿐이다. 결국 상대방으로부터 거절당하는 내 모습은 잠재의식이 만드는 상상력의 결과물인 셈이다. 일어나지도 않을 부정적인 결과를 그리면서 고객을 만나면 큰 성과가 없다. 제공하는 제품과 서비스를 기쁜 마음으로 받아들이는 고객의 모습을 상상하자.

네트워크 사업을 하다 보면 거절과 실패에 대한 두려움을 느낀다. 그런데 대부분 실제로 일어나지도 않을 일을 걱정하는 경우가 많다. '계약이 될까?'를 고민하기보다 '어떻게'를 고민하는 것이 더 생산적이다. 주변에서 이 사업을 안 좋게 보는 사람을 만날 때면 더욱 준비해서 나가야 한다. 확실한 지식을 가지고 설명할 때 상대는 자신의 오해와 편견을 알게 된다. 고객의 거절은 가짜 거절일 확률이 크다는 것을 알고 포기하지 말아야 한다.

내가 교회 청년부에서 회장으로 활동을 하고 있을 때 아는 인맥이 적다 보니 목사님, 전도사님, 장로님, 집사님에게 정보를 전달했다. 딱히 피해를 준 것도 없는데 교인들이 웅성거리며 내게 눈치를 주었다. 특히 목사님은 '유학까지 한 인재가 어쩌다가 저런 일을 하게 되었냐'라고 걱정이 이만저만이 아니었다. 그런 얘기를 듣는 게 유쾌하지는 않았지만 내가 가야 할 길에 걸림돌이 될 수는 없었다. 이 사업에 편견을 가진 그들과 다툼을 벌일 필요는 없었다. 사람들의 오해와 비난이 내 개인의 재정 발전에는 조금도 도움이 안 된다고 생각했다. 내 인생을 대신 살아 줄 것이 아니기에 내 갈 길을 가면 되는 것이었다.

왜 주변 사람들은 제대로 알아보지도 않고 편견을 갖는 것일까? 우선 그들이 나의 제안을 거절하는 이유를 잘 살펴봐야 한다. 나를 거절하는 것이 아니고 제품을 거절하는 것이므로 절대 혼동해서는 안 된다. 제품의 경우 거절하는 데는 여러 가지 이유가 있다. 지갑 사정이 힘들어서 당장 제품을 구입하지 못할 수도 있고, 그 전날 부부싸움을 해서 기분이 좋지 않아 약속을 취소할 수도 있다. 중요한 것은 상대는 나만큼 나의 비즈니스가 우선순위가 아니라는 것을 받아들여야 한다. 또 성공한 사람을 시기 질투하는 마음에서 딴지를 걸 수도 있다.

성공자를 비난하는 사람은 대게 자신과 똑같은 선택을 하지 않은 것에 불편함을 느낀다. 이런 심리를 '크랩 멘탈리티(crab mentality)'라고 부르는데 게 한 마리를 통에 넣으면 순식간에 탈출한다. 그러나 여러 마리의 게들을 한 통에 같이 넣으면 한 마리가 달아나려고 할 때 다른 게들이 끌어내린다. '내가 못하면 너도 못한다'라는 심리이다. 결국 성공은 도전하고 시도하는 자만이 거머쥘 수 있는 것이다.

사람은 부정 암시에 집중하는 순간 그 감정에서 빠져나오기 어렵다. 대부분의 사람들이 쉽게 안 된다고 말하는 데는 심리적인 이유가 있다. 자신이 하지 못한 것을 남도 하지 못 할 것이라고 무의식적으로 믿고 있기 때문이다. 그때 부정적인 상대를 비난하면서 감정싸움을 할 이유도 없다. 그들과 조금 거리를 둔 채로 불가능이라고 말했던 것이 틀렸음을 증명하면 된다.

초기에 이 사업을 한다고 알렸던 교회 지인들이 나를 볼 때마다 했던 인사말이 있다. "수련아, 너무 힘들지? 쯧쯧쯧, 그 일이 쉬운 일이 아니다." 나는 그때마다 더 이를 악물고 "아닌데요, 너무 재미있어요."라고 대답했다. 어느 날은 엄마가 "그냥, 적당히 힘들다고 말해라. 그 얘기를 듣고 싶은 거야."라고 말씀하셨다. 그런데 그때 자신이 원하는 답을 듣고 싶어했던 사람들은 그때나 지금이나 아무런 발전도 없이 제자리다.

아무리 좋은 제품과 서비스를 전달해도 사람마다 필요한 것은 다르다. 거절은 필연적인 것이나 거절의 횟수를 줄일 수 있는 방법은 분명히 있다. 나를 끌어내리려는 사람들이 아니라 밑에서 밀어 올려주는 사람을 만나는 것이다. 나와 같은 생각을 나누고 말이 통하는 사람들로 구성된 팀을 만나야 한다. 당신은 그들의 꿈과 열정에 자극을 받고 각자가 성공하는 모습에 희망을 얻는다. 성공을 하려면 더 이상 다른 게들이 당신을 끌어내리도록 놔둬서는 안 된다. 이 사업은 누구에게 기회를 전달했냐가 큰 성과로 이어진다

가끔 사업자들로부터 "매번 방문할 때마다 물건 하나 안 사주는 고객 집에 그래도 계속 가야 되나요?"라는 질문을 받는다. 계속 가고 안 가고는 자신이 결정할 문제이다. 나의 경우 초기에 어떤 고객 집을 거의 수십 번을 방문한 적이 있었다. 삼고초려 끝에 그분은 나와 사업을 함께 하게 되었다. 여기서 중요한 것은 이분 역시 물건 하나 사주지 않았다. 나는 그녀 뒤에 사람이 많다는 사실을 알고 있었다. 그래서 더욱 정성을 쏟았다. 아쉬운 소리하기 싫다고 만만한 사람만 찾아서 만나면 사업의 기회는 적어진다.

고객의 거절은 일단 인사이며 다시 도전하라는 의미로 받아들이면 된다. 거절을 받아도 거절을 잘 처리하는 방법만 알고 있으면 오히려 이전보다 더 발전된 관계로 지낼 수 있다. 고객이 거부 반응이 보이면 절대로 변명을 하지 말자. 처음 만난 사람 간에는 마음의 벽이 있어 자기방어를 하는 것이 당연하다. '그런데, 하지만, 그게 아니고'라는 접속사 대신 무조건 "네."라는 찬성으로 마무리한다. 사람은 누구나 내 의견에 공감해 주는 사람에게 귀를 연다. 끝으로 상대방이 썼던 단어나 문장을 순화해서 반복 표현을 써주면 나에게 동질감을 느끼게 된다. 내 말 한마디로 상대의 거절을 불러일으킬 수 있다는 것을 염두에 두자.

나는 이 일을 하게 되면서 좋은 제품과 기회를 못 알아보는 상대가 답

답했다. 종종 건강기능식품을 만병통치약으로 오인하는 고객을 만난다. 그들은 며칠 먹어보고 반응을 못 느끼면 시큰둥하며 별 볼 일 없는 제품이라고 치부했다. 처음에는 그들이 얼마나 틀렸는지를 증명하려고 무단히 애를 썼지만 지금은 그렇게 하지 않는다. "아, 그러세요? 네 그럴 수 있습니다. 건강기능식품은 3개월은 꾸준히 먹을 때 효과가 나오더라구요."라고 말하면 오히려 꾸준히 먹겠다고 하는 사람이 많다. 고객의 주관적인 반응보다 더 중요한 것은 나의 확신이다.

초기에 정말 많은 거절을 받았다. 먼저 성공한 선배들로부터 "이 사업은 누가 빨리 더 많은 거절을 받느냐의 게임이다."라는 말을 들었다. 거절 바구니를 만들어 거절을 받은 날은 거절 쪽지를 넣어 놓았다. 거절 쪽지가 바구니에 차고 넘칠 때쯤 파트너가 나올 것이라고 생각했다. 동전을 세 번 던져 모두 다 앞면만 나와야 한다고 했다면 포기했을지도 모른다. 동전을 무한정 던질 수 있다고 생각하니 '어차피 부딪혀야 한다면 피하지 말자!'라는 각오를 다졌다. 종종 사업자들이 '어떻게 하면 거절을 안 받나요?'라고 묻는다. 완벽하게 거절을 받지 않는 방법은 아무에게도 이 사업의 기회나 제품을 전달하지 않으면 되는 것이다.

《단 한 번의 만남》의 저자는 보험을 팔기 위해 지난 9년 동안 무려 8만 명을 만났다. 8년 연속 보험왕을 한 그도 평균 계약률이 10퍼센트에도 미치지 못했다. '말하는 건 내 마음, 하고 안 하고는 당신 마음'의 법칙만 익히면 이 사업은 의외로 쉽다. 거절을 통해 누가 이런 기회가 필요한지를 알아가는 과정이라 생각을 해야 한다. 거절을 받았을 때도 상대방보다 더 높은 정신력을 소유하고 있으면 여유를 잃지 않는다. 똑똑해진 소비자에게 더 이상 '나 믿고 한번 써봐!'라는 묻지 마 식의 영업 방식은 더 이상 통하지 않는다. 정확한 지식을 갖추고 엄청난 활동량을 유지한다면 금세 조직은 빠르게 확장될 것이다.

네트워크 사업에서 어려움은 대체로 상대방의 거절을 받아들이는 일에서 온다. “지인들이 어떻게 생각할지 모르겠어요!”라고 말하는 사람은 남의 시선이 자신의 인생에 중요한 사람이다. 꾸준히 사업을 한다면 주변의 인식은 시간이 지나면 저절로 바뀐다. 그런 고민의 시간에 해당 지식을 쌓고 긍정적 교류를 늘리는 것이 더 생산적이다.

10년 전에도 “이 사업은 이미 포화 상태 아닌가요?”라며 따지기만 하는 사람이 있었다. 안 되는 이유만 캐고 다니는 사람은 어디든지 있다. 영원한 거절이란 없으니 언젠가 “네!”라고 응답하는 그 한 사람을 만나면 사업은 역전이 된다. 거절은 인내하며 버티면서 정복하는 수밖에 없다.

4부

네트워크 마케팅 성공법 Ⅱ: 자기계발을 해야 이긴다

긴급하지 않지만 중요한 것을 먼저 해야 한다

네트워크 비즈니스는 자본금 투자 대신 시간 투자만으로 자산을 구축하는 매력적인 사업이다. 누구나 공평하게 부여받은 시간이라는 소모성 자본을 어떻게 쓰느냐에 따라 결과가 차이가 난다. 하루는 24시간이지만 사업자마다 다른 시간의 효율성을 낸다. 시간이 무한정 주어지는 것이 아님을 알고 시간을 인색하게 써야 한다. 이 일은 딱히 정해진 출퇴근 시간이 없는 프리랜서 같은 일이기 때문에 어영부영하다가는 시간이 흘러갈 수 있다. 철저하게 시간을 관리하지 않으면 열심히 했지만 열매를 맺지 못할 수도 있는 것이다.

네트워크 사업은 다른 업종보다 시간이 빨리 흘러가는 것처럼 느껴진다. 사업자들은 종종 시작한 지가 엊그제 같은데 2~3년 세월이 흘렀다고 말한다. 별로 한 일도 없는데 시간이 금방 갔다고 신세한탄을 하는 이들도 있다. 조직 구축과 매출 증대에 별로 도움이 안 되는 일에 더 많은 시간을 쓰는 사람도 있다. 치밀하게 계획을 세워 행동하지 않으면 허

송세월이 될 수 있음을 알아야 한다. 즉흥적인 사업자는 열심히는 했어도 제대로 된 결과를 낳지 못한다. 일률적인 루틴이 정해져 있지 않은 일인 만큼 좀 더 집중하고 집약해서 민첩하게 움직여야 한다.

말콤 글래드웰의 《아웃라이어》는 '1만 시간의 법칙'을 알려주며 한국 독자들에게 큰 사랑을 받았다. 그러나 오랜 시간을 투자해도 확실한 성과로 이어지지 않자 이 이론에 대한 논란이 일어났다. 이 법칙의 창시자, 에릭슨은 자신의 연구 내용을 독자들이 잘못 해석했다고 설명했다. 서울대 의대생이 강의실에 앉아 수업만 듣는다고 전문의가 되는 것은 아니다. 이처럼 1만 시간의 법칙에서 핵심은 '얼마나 오래'가 아니라 '얼마나 올바른 방법'으로 하는가이다. 시간을 보낼 때 중요한 것은 어떻게 시간을 보내는가의 방법론과 질에 있다. 열심히만 한다고 되는 것이 아니라 올바른 방법으로 노력해야 한다.

내가 만난 대부분의 사람들은 네트워크 사업을 만난 뒤 희망에 차 열심히 사업을 진행했다. 그들은 하루에 8~10시간 매일 일을 한다면 3년에 월 소득 천 만 원은 벌지 않겠냐고 기대한다. 그 기대는 맞는 얘기일 수도 있고 틀린 얘기일 수도 있다. 시간을 투자하는 일은 맞지만 시간만 쓴다고 되는 것도 아니기 때문이다. 지금 하는 일이 조직을 구축하는 일과 관련 있는 일인가를 끊임없이 점검하며 움직여야 한다. 이 사업을 동호회, 친목회처럼 생각하는 사람이 너무 많다.

이 사업은 많은 사람에게 제품을 판매하는 영업과는 다르게 시간을 써야 한다. 긴급한 일보다 중요한 일에 시간을 더 할애해야 장기적으로 무너지지 않는 조직을 구축할 수 있다. 집안에 긴급한 일이 생기면 갑자기 계획에 없었던 일을 할 수 있다. 당장 매출로 직결이 안 되더라도 사업자의 소양을 쌓는 데 시간을 쌓으면 사업을 이끌 실력이 생긴다. 네트워크 사업에서 중요한 일을 먼저 하는 사업자는 그의 가치관을 엿볼 수 있다. 기초가 중요한 사업인 만큼 중요하지도 않은 일에 시간을 허투루 쓰는 습관은 점검해야 한다. 장기적인 안목을 가지고 '어디에 시간을 쓸 것인가?'를 고민하는 것이 중요하다.

스티븐 코비의 《성공하는 사람들의 7가지 습관》에서는 소중한 것을 먼저 하라고 권고한다. 24시간을 일의 우선순위에 따라 시간을 써야 한다고 말한다. 일의 우선순위는 '긴급성과 중요성이 모두 높은 일'과 '긴급성이 낮고 중요성이 높은 일', '중요성이 낮고 긴급성이 높은 일', '중요성이 낮고 긴급성도 낮은 일'로 구분된다. 많은 이들이 일을 할 때 긴급하지만 중요하지 않은 일에 시간을 많이 보낸다.

사업설명회 트레이닝에 참석하여 배우면 동시에 많은 사람을 후원할 수 있는 능력이 생긴다. 미팅에 참석해서 배우고 책 읽기 등 자기계발에 시간을 쓰면 장기적으로 조직을 크게 키울 수 있다.

긴급 → 덜 긴급

중요 ↓ 덜 중요

중요하면서 긴급한 일 (필수)	중요하지만 긴급하지 않은 일 (리더십)
중요하지 않지만 긴급한 일 (속임수)	중요하지 않으면서 긴급하지도 않은 일 (낭비)

나의 유튜브 구독자는 7,000명이다. 나름 이 업계에서는 규모가 큰 채널을 운영 중이지만 인스타그램은 초보이다. 개인 브랜딩이 중요한 시대이기 때문에 인스타그램 계정을 개설하고 다른 사람들 피드를 살펴보았다. 도움이 되는 유용한 정보가 많아서 신세계를 경험했다. 각자 자신의 인생에서 가장 찬란한 시절을 사진으로 남겨두었다. 우연히 내가 하루 동안 인스타그램에 접속한 시간이 한 시간 반이 넘었다는 것을 알게 된 뒤로는 시간을 정해서 검색을 한다. 사업 초기에는 TV도 없앴는데 생활하는 데 불편함이 없었다. 사업을 하면서 생산적으로 시간을 쓰기 위한 의식적인 노력이 필요하다는 것을 깨달았다.

시간을 잘 관리하는 사람의 특징은 목적성이 분명하고 계획적이다. 그들은 실천 가능한 일을 세우고 실행을 위한 시간 분배를 잘한다. 이렇게 해야 목적이 분명한 일을 하면서 효율성이 높아지고 소요 시간도 단축된다. 덩달아 마음의 여유를 찾고, 시간과 삶의 여유까지 생긴다. 시간을 관리할 수 있는 첫걸음은 중단기 일정표를 미리 짜 놓는 것이다. 일주일 단위의 해야 할 일을 미리 적고 확인하면 빠트리는 일이 적다. 일정을 적다 보면 자신을 객과화시킬 수 있다. 계획에 없었던 약속들이 불쑥불쑥 끼어 들어오는 일도 방지할 수 있다. 내가 CEO가 되기도 하고, 일정을 담당하는 비서도 되는 것이다.

시중에 디자인부터 색상까지 다양한 업무 스케줄표가 많이 있다. 스마트폰 시대이니 만큼 앱에서 제공하는 일정표를 편리하게 쓸 수도 있다. 먼저 회사와 그룹에서 시행되고 있는 각종 세미나나 미팅을 기록한다. 개인적인 미팅 일정도 빠지지 않고 표시한다. 개별 미팅의 경우 기본적으로 최소한 일주일 스케줄은 미리 세워놔야 한다. 사업 초기에는 만날 사람이 없어도 일정표를 채운다는 마음으로 약속을 잡아야 한다. 만나기로 한 고객의 약속 30%는 취소가 된다고 생각해야 시간이 뜨지 않는다. 하루를 마무리하며 일정을 확인하면서 시간을 관리하는 것이다.

나는 늘 사전에 준비하는 습관이 있어서 늦는 일이 거의 없다. 러시아워 시간과 겹쳐 강의 시간을 못 맞출까봐 도로에서 진땀 빼는 상황을 좋아하지 않는다. 교통 체증까지 고려해서 미리 출발하는 게 프로이다. 남편과 연애를 할 때 늘 준비 시간이 오래 걸리는 남편 때문에 자주 다투었다. 어느 날 남편이 기차를 타는 서울역까지 데려다 주는데 그날은 도착 시간이 아슬아슬했다.

남편은 "강의에 늦는다고 해."라고 아무렇지 않게 말을 했다. 난 대꾸도 하지 않은 채 구두를 벗어들고 맨발로 뛰기 시작했다. 그날 이후로 신랑은 놀라서 늘 먼저 준비하고 나를 기다린다. 내 시간이 귀한 만큼 다른 사람의 시간도 귀한 법이다.

시간은 공평하지만 그렇다고 누구에게나 똑같은 속도로 흐르지 않는다. 어떤 사람은 24시간을 금처럼 소중히 사용하고, 또 어떤 사람은 무의미하게 허비한다. 성공의 유무는 시간을 어떻게 분배하고 관리하느냐에 달려 있다 해도 과언이 아니다. 시간을 통제해서 이끌어가는 사람은 여유롭게 사업을 하고, 쫓기며 끌려가는 사람은 늘 바쁘다. 늘 정신없지만 정작 성과는 미비한 사업자도 있다. 조직 확장과 매출 증대를 위해 해야 할 중요한 일이 무엇인지 우선순위를 정하자. 일정을 확정한 뒤 그 계획대로 움직이면 생산적으로 시간을 보낼 수 있다.

재정 관리를 잘해야 한다

네트워크 비즈니스의 최종 목표는 시간과 돈으로부터 구애를 받지 않는 진정한 자산가가 되는 것이다. 나 스스로가 자산가가 되는 것이 파트너에게 보여줄 수 있는 가장 큰 비전이다. 안타깝게도 이 업계에는 큰돈을 번다는 리더 중에 가짜 부자가 많다. 돈을 버는 건 사실이지만 비용이 줄줄 새다 보니 결국 남는 게 없다. 유통업을 경영하고 있는 것과 마찬가지인데 비용 관리를 개인이 하다 보니 지출 관리가 미숙한 것이다. 작정하고 돈을 모으지 않으면 저축이 거의 없는 리더도 있다. 고정 비용 등 발생할 수 있는 지출을 미리 예상하여 예산을 세우고 현명한 비용 관리를 해야 한다.

네트워크 비즈니스를 하다가 빚을 졌다는 사람이 간혹 있다. 이것은 이 사업 자체에 문제가 있는 것이 아니라 사업자가 돈 관리를 제대로 못했기 때문이다. 특별한 투자금이 필요 없는 사업인데 정상적으로 사업을 진행한다면 절대로 빚을 질 수가 없다. 빚을 졌다는 사람은 아래의 두 가지 경우에 해당한다. 첫째, 비용 관리에 서툰 것이고, 둘째, 자신의 과도한 욕심 때문이다. 사업자는 재정을 맡아 보는 경리가 따로 없으므로 항상 지출 비용에 신경을 써야 한다. 교통비부터 식사비, 커피 값 그리고 개인이 하는 프로모션까지 예상치도 못했던 경비들이 발생한다. 자칫하면 자신도 모르게 과다 지출로 이어질 수 있다.

모든 사업은 수입과 지출이 발생하고 그 차액을 잘 관리해 영업 이익을 많이 남겨야 한다. 기본적으로 네트워크 비즈니스는 개인사업자의 개념에 가깝다. 회사는 양질의 제품과 시스템 그리고 쇼핑몰을 무료로 쓸 수 있게 허락한다. 영업 사원과는 달리 식대, 교통비는 물론 카달로그 및 제품 구매 비용 등의 제반 비용을 스스로 충당한다. 때로는 팀원들에게 개인적으로 프로모션을 시행하거나 센터 운영 지원금 등을 금전적으로 돕기도 한다. 열정적으로 사업을 전개하는 사업자일수록 자칫 경비가 수입을 초과하는 사태가 벌어질 수도 있다. 초기에 목돈을 들고 시작하는 사업자는 돈을 헤프게 써서 잃을 수도 있다.

네트워크 비즈니스에서 중요한 것은 수 개념이다. 종종 젊은 리더들은 자신의 성공을 과시하기 위해 무리한 지출을 감행한다. 사람들은 받는 것에 금세 익숙해지고 어느새 그것이 당연한 것이 되기도 한다. 파트너들은 '자신은 그렇게 못할 것 같다'며 더 이상 복제가 일어나지 않을 수도 있다.

비용을 아끼라는 말은 써야 할 사업비를 인색하게 줄이라는 말이 아니다. 결국 내가 사업비를 인색하게 투자하면 내 그룹에 누군가는 더 써야 한다. 절대로 들어오는 돈을 다 순수입이라고 생각하지 말고 나갈 돈을 먼저 떼어놓고 예산을 세우자. 필요 이상으로 세는 비용이 있다면 합리적으로 아낄 수 있는 부분도 마련해야 한다. 네트워커들은 사업비로

버는 수익의 30%는 재투자 하는 것이 좋다. 생활비를 제외하고 지출되는 순수 사업 비용이 소득의 30%가 넘어가면 결국은 적자를 보게 되어 있다.

네트워크 사업은 파트너의 노력이 스폰서의 매출로 잡히는 수익 구조이다. 파트너들은 늘 스폰서가 자신을 도와주기를 기대한다. 심지어 식사를 하면 스폰서가 당연히 비용을 지불하는 게 문화로 정착된 그룹도 있다. 문제는 자신들도 향후 스폰서가 될 것인데 점점 늘어나는 파트너를 어떻게 감당할 수 있을까? 가장 좋은 건 자신의 식대나 음료비는 각자 내는 것이다. 아직 소득이 많지 않은 스폰서가 계속 과도한 비용을 부담하게 되면 결국은 그는 사업을 그만둔다. 사업을 계속하기 위해서라도 비용 관리는 필수이다.

네트워크 사업은 투자 자본 없이 창업을 할 수 있는 장점이 있다. 가게에 갇혀 오는 손님만 하염없이 기다리지 않아서 좋은 무형의 플랫폼 사업이다. 가장 성급하다고 판단되는 사업자는 목돈을 투자하여 센터나 사랑방을 불쑥 차리는 사람이다. 그 지역의 시장의 형성, 함께 센터를 활용할 인원 확충 등을 꼼꼼하게 따져야 한다. 센터를 차리면 기본적으로 매달 월세가 나가고 집기류, 운영비 및 공과금을 내야 한다. 그 비용을 차라리 활동 경비로 쓰면서 바쁘게 뛰는 것이 나을 수 있다. '우리만의 공간을 위해 임대를 했다'라고도 말하는데 남이 만든 공간을 활용하는 것도 방법이다.

돈을 한 달에 수억 원을 벌고도 돈 관리를 잘못해서 초라한 신세가 된 네트워커들이 있다. 네트워크 사업을 해서 돈을 버는 건 절반뿐인 성공이다. 현명하게 저축하고 투자하여 돈을 지키는 법을 배우는 것이 나머지 절반의 성공이다. 안정적인 자산가가 되기 위해 최소한 소득의 10%를 저축과 투자에 활용해야 한다. 사업을 하는데 언제라도 발생할지 모르는 예비 비용이 비축되어 있어야 안정적으로 경영을 한다. 소득이 적을 때부터라도 일부를 떼어 작은 기부라도 하는 것이 풍요로운 정서를 함양해 준다. 돈을 벌게 되면 돈을 다스리고 필요한 곳으로 흘려보내는 사업자가 진정한 자유인인 것이다.

김승호의 《돈의 속성》에서는 부자가 되기 위해서 네 가지 능력이 필수라고 한다. 돈을 버는 능력, 돈을 모을 줄 아는 능력, 돈을 유지하는 능력 그리고 돈을 쓰는 능력이다. 다른 사람에게 '부자의 삶'을 이야기하는 우리들은 필히 돈에 대한 공부를 해야 한다. 특히 네트워크 비즈니스에서는 세금 때문이라도 들어오는 돈을 다 내 돈이라 생각하면 안 된다. 이 사업은 경비로 처리되는 항목이 많이 없어서 세금 처리에 불리한 부분이 있다. 타사업보다 높은 비율의 세금을 내야 하기에 세금을 위한 저축을 필수적으로 해야 한다.

유대인 부모들은 어릴 때부터 자녀에게 금융 공부를 가르친다. 그러나 우리나라 부모는 자녀에게 돈을 관리하고 투자하는 방법을 가르쳐 주지 않는다. 부모 역시 배운 적이 없다. 특히 우리 회사는 수당이 주급으로 나오는 구조다. 돈이 떨어지면 며칠 있으면 나오고 떨어지면 다시 또 나오다 보니 특별히 저축이라는 필요성을 느끼지 못하기도 한다.

이 사업은 보이는 이미지가 중요한 사업이기 때문에 겉모습을 화려하게 꾸미는 사람들이 많다. 그래서 버는 돈은 크지만 앞으로 벌고 뒤로 밑지는 사업자들이 꽤 된다. 이 사업을 해서 행복한 자산가가 되는 것이 목표라면 버는 것과 쓰는 것을 함께 관리해야 한다. 적은 경비도 모이면 목돈이 되기 때문에 지혜롭게 경비를 지출해야 한다. 다른 사업보다 세율이 높기 때문에 절세에도 미리 준비를 해야 한다. 비용 관리를 통해 돈 버는 네트워커가 되는 것이 중요하다. 돈은 네트워커들이 관심을 가지고 통달해야만 하는 가장 중요한 주제이다.

Network Marketing

성공하는 네트워커의 세 가지 습관

네트워크 사업뿐만 아니라 어떤 일이든 성과를 내려면 자신이 성장해야 한다. 성공자들은 매일 자신의 내면과 외면을 성장시키기 위해 운동, 독서, 명상 등을 실천한다. 매일 30분이라도 운동을 하면 건강해질 뿐만 아니라 자신감과 정서적인 행복감도 높아진다. 생각이 긍정적으로 바뀌고 집중력이 높아지면 더 열정적으로 고객에게 다가갈 수 있다. 헬스장을 이용할 수 없다면 가정에서 유튜브 동영상을 활용해도 좋다. 네트워크 마케터는 조직이 커질수록 매일같이 눈코 뜰 새 없이 바쁘다. 앞으로 다가오는 더 많은 기회를 놓치지 않기 위해서 반드시 체력 관리를 해야 한다.

영양학자인 스티븐 매슬리 박사는 운동과 지적 능력의 상호관계 대한 임상 실험을 실행했다. 실험에 참여한 사람들의 유산소 능력이 높을수록 두뇌 회전 속도가 올라갔다. 언덕을 잘 뛰어오르는 사람일수록 두뇌 회전과 인식적 전환 능력이 높았다. 이 실험에 참여한 뒤 사람들의 평균적

두뇌 회전 속도가 25~30% 향상되었다. 네트워커들이 그만큼 향상된 두뇌 회전 속도를 가지고 가망 고객을 만난다면 어떤 일이 일어날 것인가! 사람들과 좀 더 효율적인 대화를 나누고 긍정적인 해결책을 제시하는 능력을 향상시킬 수 있다.

조직이 커질수록 유입되는 사람이 늘어나 하루에도 수차례의 상담과 미팅이 연속일 때가 있다. 코로나로 헬스장에 가지 않고서라도 집에서 웬만한 운동은 모두 해결하고 있다. 나는 홈 오피스, 홈 방송국, 홈 헬스장을 갖추고 있다.

이 사업에서 원하는 것을 가장 빠르고 쉽게 성취할 수 있는 방법은 독서이다. 책 속의 성공한 사람을 스승으로 삼아 책을 읽으면 누구든 성공의 청사진을 만날 수 있다. 책 안에는 동시대, 인류 역사상 가장 위대한 깨달음이 몇 페이지에 압축되어 있다. 실패하는 사람의 최대 특징 중 하나는 처음부터 자기 혼자 해내려 한다. 그들은 다양한 분야에서 성공한 사람이 쓴 책을 읽지 않았기 때문에 성장이 늦다. 책을 읽으면 성공 요인과 실패 요인을 정확히 알게 된다.

네트워크 사업은 정신력을 단단하게 부여잡지 않으면 매우 힘든 사업이다. 많은 고객과 파트너들을 상대하려면 기본적으로 사람에 대한 폭넓은 이해가 깔려 있어야 한다. 궁극적으로는 조직을 구축하는 사업인 만큼 리더십에 대한 해당 분야의 책을 읽는 것이 도움이 된다. 네트워커에게 독서란 단순히 지식을 쌓는 참고서의 개념을 넘는다. 삶의 방향성을 잃었을 때 나를 객관적으로 들여다볼 수 있는 돋보기 같은 역할을 해준다. 성공하려는 마음이 강한 네트워커들에게는 독서를 통한 재충전의 여유가 반드시 필요하다. 독서가 이 사업에서 재화 창출의 핵심적 역할을 한다.

책을 단순히 읽는 것으로 끝이 아닌 얻은 지식을 타인에게 설명하고 활용해야 한다. 실전에서 행동으로 옮겨 팀원들에게 영향력을 끼칠 수 있을 때 비로소 가치를 인정받게 된다. 독서라는 행위 자체가 그룹의 확장에 도움을 주지 못한다면 취미 생활에 불과하다. 독서를 사업에 활용하고 현장에서 실전으로 옮기는 사람만이 성공에 다가갈 수 있다.

선구자들은 독서에 대해 예찬론을 펼쳤다. 소크라테스는 '남의 책을 많이 읽어라, 남이 고생한 것을 가지고 쉽게 자기 발전을 이룰 수 있다'라고 말했고, 르네 데카르트는 '좋은 책을 읽는 것은 과거의 뛰어난 사람들과 대화를 나누는 것과 같다'라고 말했다. 빌 게이츠는 '오늘의 나를 있게 한 것은 우리 마을 도서관이었다. 하버드 졸업장보다 소중한 것은 독서 습관이다'라고 말했다.

하루에 최소 10장을 읽으면 일 년이면 3,650장이다. 이는 200페이지 분량의 책 18권에 해당한다. 단지 하루에 15~20분 독서에 투자했을 뿐인데 성공자들의 이야기를 담은 책을 18권이나 읽은 셈이다.

책 읽기 습관이 부족했던 사업 초기에는 자극적인 영상 위주로 찾아보게 되었다. 내레이터 음성에 감정이 실리다 보니 정작 내 생각을 객관적으로 확립하는 데 어려웠다. 조직이 커지면서 리더는 내면 깊숙이 풍성한 양식을 많이 채워야 한다. 독서의 이유를 정확히 깨닫자 고전, 신간 할 것 없이 다양한 책들을 섭렵하게 되었다. 달리 말하면 책 읽기의 유익함을 처음부터 알았으면 훨씬 시행착오를 줄일 수 있었을 것이다. 책을 읽고 성경의 '꿀송이보다 달다'라고 표현한 다윗의 말이 이해가 되었다. 다음은 이 사업을 하면서 내가 직접적인 도움을 받았던 책을 소개한다.

이 책을 추천해요

제목	저자	추천 이유
부자 아빠의 21세기형 비즈니스	로버트 기요사키, 존 플레밍 킴 기요사키	시스템에 대한 원리와 가치에 대한 설명
파이프라인 우화	버크 헤지스	파이프라인 구축의 필요성과 실천 방안
쇼더플랜	돈 페일러	효과적인 프레젠테이션 알기 쉽게 설명
GO PRO, 네트워크 마케팅 프로가 되는 7단계	에릭 워레	네트워크 마케팅 성공 비결을 총 7단계로 세부적으로 설명
네트워크 마케팅 사업을 쉽고 빠르게 성장시키는 방법	랜디 게이지	네트워크 마케팅의 체계적인 지침서
리더십 불변의 법칙	존 맥스웰	리더십 분야의 고전
애터미 성공의 비밀 인문학에서 찾다	이성연	회사 홈페이지에서만 구매할 수 있다. 인문학을 네트워크 비즈니스 관점으로 재해석한 필독서
카네기 인간관계론	데일 카네기	인간관계의 바이블
놓치고 싶지 않은 나의 꿈 나의 인생	나폴레온 힐	꿈을 실현하는 성공 철학 공개
부의 원천	타라 스와트	끌어당김의 법칙을 과학적으로 소개함
어웨이크	박세니	성공을 이끄는 심리의 비밀을 알려줌
돈과 사람을 끌어당기는 부자의 말센스	김주하	비즈니스 화법에 대한 실전 노하우가 소개됨
21세기 네트워크 마케팅을 위한 미라클 모닝	할 엘르드, 펫 페트리니	상위 1% 네트워커에게 배우는 성공 노하우

네트워크 비즈니스에서는 감정을 이해하고 스스로를 관리하며 조절하는 능력이 중요하다. 감정은 성격과 연결되어 있어 타고난 감정을 바

꾸는 것이 거의 불가능하다고 믿는 사람이 많다. 사람은 아주 복잡한 동물이기 때문에 꼭 그렇지만도 않다. 몸과 감정은 밀접하게 연결되어 유기적으로 관계를 주고받는다. 자신의 마음을 들여다보고 감정을 이해하게 되어 치유가 되면 타인을 더 수용하게 된다. 인간은 동물과 다르게 자신의 감정을 학습하는 과정을 통해서 감정을 조절할 수 있다. 사업 중에 어려움을 만나도 거뜬히 이겨내는 사람은 이런 이유 때문이다. 마음이 평안을 찾으면 몸이 건강해지고 사업도 활력이 생긴다.

수많은 대중을 상대하는 유명인 중에 매일 명상 훈련을 한다고 밝힌 사람이 많다. 오프라 윈프리, 유발 하라리, 클린트 이스트우드, 휴 잭맨이 바로 그들이다. 구글 등 내로라하는 기업들도 명상을 생산성을 향상시키는 도구로 활용하기다. 바쁜 일상 중 잠깐의 침묵은 중요한 것에 집중을 쏟을 수 있는 평정심을 갖게 한다.

네트워크 마케터들이 중심을 잃고 일을 그르치게 되는 가장 큰 원인 중 하나는 스트레스다. 다른 사람의 방해로 집중이 깨지면서 해결해야 하는 불가피한 일들을 마주하게 된다. 명상은 마음을 진정시켜 한걸음 물러나 문제 속에 매몰되지 않고 해야 할 일 자체에 집중할 수 있게 해준다.

감수성이 예민해 다른 사람이 느끼는 부정적인 마음을 그대로 흡수할 때가 있다. 리더는 최종적으로 바른 결정을 도출하기 위해 냉철한 판단을 내려야 한다. 문제가 있을 때 사람들을 만나 수다로 풀면 헤어지고 난 뒤 마음이 더 복잡해지는 경험을 해봤을 것이다. 조용히 묵상함으로 상위 자아를 통해 내 마음을 들여다보는 시간이 필요하다. 계속 호흡을 따라가면서 긍정을 들이마시고 걱정을 내쉰다고 생각하자. 어느새 평화를 경험하고 염려로부터 자유로워진다.

성공자들은 단지 어떤 일들을 해서 그 자리에 있는 것이 아니라 어떤 면모를 갖춘 사람이다. 성공을 원한다면 먼저 원하는 성과를 얻을 수 있고 유지할 수 있는 사업자의 그릇을 갖추어야 한다. 사업에서 한 단계 성장하려면 먼저 스스로의 수준을 한 단계 높이자.

최정상 1%의 리더들이 날마다 하고 있는 자기 훈련을 매일 따라하려고 노력하자. 진정으로 성공을 원한다면 내면과 외면이 모두 단단한 사람이 되어야 한다.

언택트 시대에 필요한 SNS 마케팅 방법

토머스 프리드먼은 '앞으로 인류는 B.C와 A.C로 나뉠 것이다'라고 경고했다. Before COVID와 After COVID의 약자로, 코로나 19라는 팬데믹이 질서를 바꾸었다는 뜻이다. 특히 교육의 비중이 높은 네트워크 비즈니스의 경우 이 변화는 더욱 크게 올 것이다.

사람을 만나는 게 쉽지 않으니 처음에는 허둥지둥했다. 다행히 적응력이 빠른 사업자나 회사는 발 빠르게 SNS 마케팅을 사업에 적극 도입했다. 직업의 종말시대에서 살아남는 방법은 1인 지식 노동자가 되어 원격 교육 기술을 보유하는 것이다. 이 두 가지가 모두 관련된 사업이 SNS 네트워크 비즈니스이다. 돈을 버는 방식이 바뀌었으면 바뀐 방식에 따라 돈을 벌면 된다.

2020년 한 설문 조사에 따르면 우리나라의 1분기 SNS 사용률은 세계 평균의 약 1.8배에 도달했다. 특히 네트워크 비즈니스 업계에서는 코로나 이후 SNS 활용률이 더 높아졌다. 세미나가 없어진 것이 아니라 세미나가 비대면으로 전환되었다. 소비자를 회사와 SNS로 전환시켜 제품과 기회를 적극적으로 알린다. SNS를 활용하여 인맥을 만들고 명단을 확장한다. 직접 가서 만나고 이야기하는 대면 활동 시대에서 만나지 않아도 가능한 SNS 시대로 바뀐 것이다. 네트워커들은 모으지 않고 모이게 하는 방법을 SNS 마케팅을 통해 적극적으로 활용하기 시작했다.

네트워크 비즈니스에서 SNS 마케팅을 하는 궁극적인 목적은 사업을 알리기 위함이다. 제품과 기회를 소개하고 고객을 만나는 장소가 되는 공간이 소셜 미디어이다. 대면 미팅에서는 A 스폰서, B 브릿지 그리고 초대자가 C라면 C의 마음의 결정은 B인 나에게 달려 있다. C의 듣는 자세를 만드는 역할을 하는 것은 바로 나이다.

내가 이 사업에 얼마나 확신을 갖고 있는지, 실제로 이 제품을 쓰면서 뭐가 달라졌는지 그들은 유심히 살펴본다. 언택트 시대에는 나를 대신할 수 있는 매개체가 바로 SNS이다. 내가 올리는 제품과 기회뿐만이 아니라 내가 누구를 만나고 어떤 삶을 살고 있는지 항상 공개된다.

일반적으로 나를 알리는 매체는 블로그, 인스타그램, 페이스북, 카카오스토리, 유튜브 등이 있다. 사업을 위해 먼저 관계를 쌓는 것이 중요하므로 네트워커에게는 SNS는 필수다. 잘 키운 SNS 계정은 한 명의 사업자를 만드는 데 필요한 열정과 노력을 크게 줄여준다. 각 매체마다 장단점이 있으니 자신의 취향과 연령에 맞는 SNS를 선택하면 좋다. 다양한 소셜 네트워크는 네트워크 비즈니스에도 강력한 영향을 미친다. 과거에는 오프라인 위주였던 인맥들이 다양한 사이버 공간 안에서 만난다. 이른바 인맥 쌓기의 신흥 풍속도가 펼쳐지고 있는 것이다. 이곳에서 평소에 친밀감을 주고받으면서 인간적 신뢰를 쌓을 수 있다.

SNS 채널 운영의 성과를 집계할 때 도달률과 전환율을 지표로 삼는다. 콘텐츠가 최대한 많은 사람들에게 전달되어 사람들이 의도한 반응을 보이게 하는 것이 목표이다. 블로그에 하나의 콘텐츠가 발행되면 그 콘텐츠는 일부에게만 도달한다. 사람들이 그 콘텐츠를 보고 링크를 클릭하여 원하는 행동을 일으키는 것을 전환율이라고 한다. SNS는 도달이 더 쉽게 되고 블로그는 전환이 더 많이 된다. 블로그는 목적이 명확한 사람이 타깃이라면 SNS는 불특정 다수에게 자신을 브랜딩하기 좋다.

네이버 블로그는 가장 전통적인 매체 중 하나다. 네이버 검색시 상위 노출이 가능하다는 점에서 장점이지만 시간이 지나치게 오래 걸리는 단점이 있다. 글을 하나 쓰는 데 많은 노력과 시간이 걸린다는 것도 고려해야 한다. 일단 목적을 가지고 사용자들이 검색을 하기에 들어온 사람을 내 회원으로 전환할 수 있는 확률이 높다. 인스타그램은 외모에 자신 있는 사람, 사진 좀 찍는 사람들에게 좋다. 글 솜씨가 필요 없지만 외모 지상주의가 매우 심한 단점이 있다. 대신 비교적 쉽게 올릴 수 있고, 블로그와 달리 즉각적인 반응이 온다.

트위터는 익명성을 기반으로, 짧은 한두 문장의 글로 자신의 생각을 표현하기 좋다. 페이스북은 20~40대 연령층에게 추천하는 매체다. 짧은 글쓰기를 좋아하는 사람에게 강력히 추천한다. 친구 만들기가 매우 쉽고, 확장성 또한 빠르다는 장점이 있다. 유튜브는 비록 콘텐츠 생산에 필요한 자원과 진입 장벽은 높지만, 지금의 트렌드에 가장 부합한다. 사업의 일상을 꾸준히 기록해 올리면 그 자체만으로도 강력한 자료가 된다. 카카오스토리는 카카오톡과 연동되어 카카오톡 지인들에게 빨리 정보를 전달할 수 있다.

SNS 마케팅의 목적은 고객과 파트너와의 소통이다. 채널을 통해 상대와 공감대를 형성해야 한다. SNS 마케팅에서 가장 간과하기 쉬운 부분은 사람을 대상으로 한다는 점이다. 일방적으로 판매 제품과 사업 이야기만 한다면 사람들에게 외면당할 것이다. 나의 열정을 상품화시키고 상대의 문제를 해결하는 채널이 되어야 된다.

나에 대한 친근감을 높여 팔로워들과 신뢰를 더 두텁게 쌓을 수 있어야 한다. 무엇보다도 꾸준한 포스팅이 우선이다. 누구나 꾸준히 나의 콘텐츠를 접하게 되면 친근감을 느끼고 비판의식과 거부감을 낮추게 된다.

저스틴 비버의 매너지는 비버의 첫 유튜브 영상에 대해 "처음 올린 영상은 별다른 주목을 못 받았어요. 아직 사람들의 공감을 이끌만한 주제나 모습이 아니어서 그럴 거예요."라고 말했다.

누구나 처음부터 멋진 게시물을 올리지는 못한다. 처음부터 전문가가 되려고 하지 말고 꾸준히 하자. 팀 패리스은《타이탄의 도구들》에서 페이팔의 공동 창업자인 피터 틸을 인터뷰했다. 패리슨은 "미래를 결정짓는 가장 중요한 트렌드가 무엇인가요?"라는 질문을 했고, 틸은 "트렌드는 중요하지 않다. 미래의 삶에 가장 중요한 것은 사명감이다."라고 말했다.

코로나로 얼마 전부터 유튜브 채널을 개설해서 운영하기 시작했다. 같은 회사 타 라인 사업자들의 채널에 비해 한창 후발주자였지만 시작과 동시에 빠르게 성장했다. 지금까지 보기 힘들었던 파격적인 의상에 요란한 음악을 틀고 춤까지 추는 날도 있었다. 사람들은 열광했고 현재 개인으로 운영하는 채널로는 최고가 되었다. 성공의 요인이라면 사람들이 궁금해 하는 것을 긁어주는 사이다 채널이기 때문이다. 공식 채널에서는 볼 수 없는 요상한 복장을 엿보는 재미도 있지 않을까 싶다. 구독자에게는 위로를 받는다는 댓글을 요즘 유독 많이 받는다. 무엇보다 한 주도 빠짐없이 약속된 시간에 정확하게 방송을 진행하는 꾸준함이 다른 채널과 대조되는 저력이다.

찰스 다윈은 '결국 살아남는 종은 가장 강한 종도, 가장 지적인 종도 아닌, 변화에 가장 유연하게 적응하는 종이다'라고 말했다. 언택트 시대의 필수적인 SNS 마케팅은 4차 산업혁명이 낳고 코로나 19가 키웠다고 해도 과언이 아니다. 피할 수 없다면 익숙하지 않아도 적어도 활용하는 사업자가 되도록 노력해야 한다.

SNS 매체는 꽤 직관적으로 만들어져서 마음만 먹으면 쉽게 할 수 있다. 앞으로 코로나 시대가 종료된다 해도 예전처럼은 회복은 안 될 것이다. 하이테크 시대가 올수록 하이터치는 더욱 부각될 것이다. 사업자도 비즈니스 철학을 가지고 시대에 맞게 성장해야 한다.

SNS 마케팅의 핵심은 사람이다

네트워커가 SNS 마케팅에서 저지르기 쉬운 실수는 빈번하게 홍보 콘텐츠를 올리는 것이다. 회사의 콘텐츠를 단순히 소셜미디어에 공유하거나 제품 등을 포스팅 하는 것은 자동화된 로봇으로 변모시키는 것과 다름없다. 게시물에 홍보성 콘텐츠로만 가득하다면 소비자는 이내 반감을 가질 수밖에 없다. 아무리 인터넷 세상이라고 해도 사람들은 온라인상에서 다른 사람들과 교류하기를 원한다. 사람들의 마음을 가장 움직이게 만드는 것은 진정성이라는 사실을 잊으면 안 된다. 소셜 미디어에 팔로워들이 공감을 할 수 있는 나만의 콘텐츠를 올려야 한다.

게시물을 올릴 때 중요한 것은 SNS 마케팅을 하는 구체적인 목적이 있어야 한다. 그 다음으로는 정확한 타깃층을 설정하고 어떤 콘셉트로 채널이 운영되야 할지 정한다. 타깃층은 가능한 구체적으로 설정하고 자신의 스토리를 기반으로 하는 차별화된 콘셉트를 잡는다. 사업자는 포스팅을 매일 해야 하는 일과로 생각해야 하고 1년 이상은 꾸준히 실천한다. 하루에 매일 30~40분은 시간을 내어 관심자나 가맹 고객들의 SNS에 들어가 그들의 게시물에 반응을 올린다. 내가 올린 게시물에 팔로워들이 올린 댓글들이 있으면 마음을 다해 소통한다. 댓글 하나에도 상대방의 심리와 구매 의사까지도 엿볼 수 있다.

단순히 기기를 잘 다루는 것과 마케팅을 잘하는 것은 별개의 문제다. 마케팅은 의도된 메시지가 정확하게 고객에게 전달되어 기대하는 행동을 하게 만드는 것이다. 모으지 않고 모이는 인바운딩 리쿠르팅이 가능한 것이다. 이때 고객의 마음을 움직이게 만드는 것이 바로 콘텐츠의 힘이다. 먼저 사람의 심리를 알아야 하고 독자를 위해 글을 쓰고 있다는 것을 강하게 의식해야 한다. '그들이 내 채널을 통해 무엇을 얻고자 하는가!' 끊임없이 고민해야 한다. 그들의 이야기에 귀를 기울이고 공감하며 함께 해결책을 찾아가는 노력이 선행되어야 한다.

유튜브 채널 '수련tv'의 목적은 크게 '모객'과 '내부 교육', '회원들에 대한 경험 기부'로 나뉜다. 고직급자가 되었지만 대인관계가 좁은 나로서는 더 많은 신규사업자의 유입이 필요했다. 코로나 이후 전국 곳곳에 흩어져 있는 파트너를 유튜브로 교육하기 시작했다. 10년 동안 회사로부터 큰 혜택을 받은 사람으로서 내 경험을 타 라인 회원들과도 기꺼이 나누었다. 유튜브 계정을 지속적으로 운영한 결과 위 세 가지 목적을 동시에 이루었다. 사람들에게 랜선 스폰서가 되어 보람된 삶을 살고 있다.

콘텐츠는 재미와 유익함 그리고 감동까지 있으면 더 좋다. 대게 사람들은 독자가 궁금해 하는 이야기보다 자신이 하고 싶은 이야기를 하는 경우가 많다. 사람들이 궁금해할 만한 콘텐츠를 제작하는 것이 효과는 강력하지만 제작 자체가 쉽지는 않다. 독자도 좋아하고 나도 좋아하는 콘텐츠를 5:5로 올리면 꾸준히 포스팅이 가능하다. 자신감과 확언의 단어를 써서 독자를 만족시키는 글을 올려야 한다. 인터넷이라고 해서 절대로 조잡하게 쓰면 안 되고 부정적인 감정은 절대 드러내서는 안 된다. 즐겁게 사업을 하는 모습, 일상을 올리는 것도 좋은 콘텐츠가 된다.

사업자들은 사업을 하면서 만나는 막연함이 해결되는 영상 콘텐츠에 뜨겁게 반응한다. 명쾌하게 해설이 된 보상 플랜이라든가 실질적인 리쿠르팅 방법 등에 대한 콘텐츠도 좋다. 거의 70% 이상의 고객들이 온라인 리뷰에 의존해 구매 의사를 결정한다. 지인들이 제품을 쓰고 난 솔직한 체험 후기도 소비자들의 이목을 끌기 충분하다. 브랜드에 관련된 콘텐츠가 아닐지라도 잠재고객을 염두에 둔 유용한 상식을 포스팅 하는 것도 좋다. 꾸준히 지속적으로 공유하면 소비자는 자주 내 채널을 방문해서 '좋아요'를 누르게 될 것이다. 상대방의 문제를 해결해 주는 콘텐츠를 올리면 반드시 반응이 온다.

나는 이 사업을 하면서 겪을 수 있는 일은 거의 다 경험했다고 생각한다. 이 경험과 책을 통한 배움을 바탕으로 회원들을 상담한다. 매주 주말 밤 11시에 고민 상담 코너를 유튜브 실시간으로 진행하고 있다. 네트워크 사업의 특성상 때론 길이 안 보이고 사람에게 치여 정신적으로 어려움을 느낄 때가 있다. '고민 소통 방송'으로 콘셉트를 잡고 진행을 하는데 동시간대에 호주, 중국, 미국, 일본 등 글로벌 회원들이 접속한다. 온라인이지만 귀 기울여 고민을 함께 나누는 것으로 위로가 된다.

SNS 마케팅에 실패하는 사람들의 공통점은 읽는 대상이 결국 사람이라는 것을 놓쳤기 때문이다. 디지털 공간은 단지 정보를 올리거나 일기를 쓰는 곳이 아니다. 고객을 위해 상대방과 커뮤니케이션을 해 나가는 공간이라는 것을 늘 염두에 두어야 한다. 세심하게 상대의 마음을 살

피고 니즈를 고려한 포스팅을 꾸준히 할 때 좋은 효과를 낼 수 있다. 인터넷에 글을 올리면 누구, 언제, 어디서, 얼마만큼 보고 있는지 추측할 수 없다. 인터넷에 지나치게 기대하는 사람 중, 조금 해보고 잘 되지 않으면 곧바로 포기하는 사람이 많다. 반대로 SNS 마케팅으로 기대 이상의 효과를 보는 사업자도 있다.

Network Marketing

개인 브랜딩에 성공하는 방법

SNS 채널을 통해 나를 자연스럽게 알리면 많은 사람들이 내게 말을 건다. 사람들이 나에게 관심을 가지고 스스로 다가오게 하려면 나만의 캐릭터를 설정해야 한다. 캐릭터 설정은 사람들에게 내가 어떤 사람인지 알리는 것이다. 차별화된 콘셉트를 가지고 포스팅 내용은 물론 말투와 외적인 모습 등도 모두 의식하는 것이다. 그렇게 세상에 하나뿐인 나만의 독특한 상표를 가지고 운영한다면 사람들은 빠르게 유입된다. 나만의 브랜드를 만들어 매력 포인트를 퍼트리면 나중에는 사람들이 알아서 찾아온다.

개인 브랜딩은 사업자를 스스로 찾아오게 만드는 힘이 있다. 네트워크 사업자는 초기에 대부분 명단을 작성하고 명단의 순서대로 만난다. 시간이 지나면서 반복적으로 사람들을 만나다 보면 점점 명단이 고갈된다. 이것만큼 네트워크 사업에서 치명적인 일은 없다. 끊임없이 명단을 확보하려면 자연스럽게 유입이 되는 길을 만들어야 한다. 이것이 바로 개인 브랜드를 연구하고 시간을 투자해야 하는 이유다. 한 명의 사업자를 만드는 데는 많은 비용과 노력이 들어간다. 개인 브랜드를 잘 키워서 자연스럽게 찾아오는 구조를 만들면 사업의 확장은 빨라질 것이다. 알아서 자기 발로 찾아오는 경로가 생긴다면 얼마나 좋은가?

성공한 사람들의 대부분은 개인적으로 독특한 브랜드를 가지고 있다. 미국의 폴 마이어 박사도 개인적인 상표의 힘으로 큰 성과를 남긴 사람 중 하나이다. 남들이 정장을 입고 다닐 때, 그는 스포츠웨어를 입고 다녀서 사람들의 눈길을 끌었다. 고객은 상품이나 회사 때문에 상품을 사는 것이 아니라 판매자를 보고 산다는 것을 발견했다. 고객들은 개성이 뚜렷한 판매원을 만난다고 느낀다. 브랜드는 언제나 대화의 촉매제가 된다. 그 효과는 대단히 크고 특히 디지털 상에선 파급력도 엄청나다. 자신의 이미지를 함축적으로 표현할 수 있는 자신만의 브랜드를 만들어 보자. 개인 브랜딩이 최고의 네트워커로 만드는 보증서가 된다.

유튜브에 '수련tv'를 개설했을 때 사람들은 내 방송을 보고 처음에 적잖은 충격을 받았다. '네트워크 업계에서 연봉이 꽤 되는 리더가 왜 저런 우스꽝스러운 모습으로 방송을 하나?'라고 궁금해하는 사업자가 많았다. 나는 '네트워크 사업을 더 재미있게 알려주는 엔터테이너'라는 콘셉트를 잡고 시작했다. 편견이 많은 업계의 특성상, 내 기이한 모습을 보고 시청자들이 궁금해서라도 시청해 주길 바랐다. 그래서 지금은 '수련tv'의 인기는 '사이다 방송', '예능 방송', '재밌는 방송'이라는 수식어가 따라붙게 되었다.

개인 브랜딩을 하려면 자신만의 차별화된 캐릭터가 있어야 한다. 우리나라는 남을 지나치게 의식하고 눈치를 보는 문화적 습관이 자리 잡고 있다. 특히 남보다 뛰어서는 안 되고 남과 너무 달라서도 안 된다는 강박관념이 있다. '가만히 있으면 중간은 간다'는 소리를 어릴 때부터 수시로 들으며 자랐다. 결국 튀지 말라는 소리인데 이제는 시대가 달라졌다. 가만히 있으면 누구도 나에게 먼저 다가와 기회를 주지 않는다. 치열한 경쟁자 가운데 함께 하고 싶은 느낌을 주려면 캐릭터가 탄탄해야 한다.

유튜브에는 모델 같은 이들이 자신처럼 날씬해질 수 있다며 올린 각종 다이어트 콘텐츠가 넘친다. 어떤 채널은 분명히 다이어트 전문 채널인데 100킬로그램이 육박하는 유튜버가 등장한다. 채널명은 '일주어터'로 이름 그대로 매번 새로운 다이어트를 일주일 동안 도전하는 콘셉트다. 사람들은 그녀를 보면서 '뚱뚱한 사람이 어떻게 다이어트 채널을 운영해?'라고 궁금해한다. 그러나 그녀의 가식 없고 꾸밈없는 솔직한 모습에 어느덧 '구독'까지 누르게 된다. 자주 볼수록 점점 친근감이 들면서 어느 순간 진심으로 응원하게 된다.

네트워크 비즈니스는 사람을 끌어오는 사업이다. 사람들을 끌어당긴다는 것은 '나처럼 되고 싶지 않아요?'라고 말을 거는 것과 같다. 발전 없는 모습은 아무런 일도 창조하지 않는다. 네트워커가 자신의 미래의 모습을 계속 상상하며 되뇌면 주위의 사람들과 다함께 꿈을 꾸게 된다. 처음에는 무관심했던 사람들도 흔들림 없이 일관성 있는 내 모습에 자석처럼 끌려오게 된다. 세상에 하나밖에 없는 자신만의 브랜드를 만들어 보자.

5부

네트워크 마케팅 성공법 Ⅲ : 기술 개발을 해야 이긴다

Network Marketing

내가 먼저 제품과 사랑에 빠져야 한다

네트워크 사업은 누구나 추가 소득을 만들 수 있다. 영업과는 다르게 자신이 좋아하는 제품을 사용한 뒤에 느낀 경험을 사람들과 나누면 된다. 프로 세일즈맨의 설명이 유창할수록 듣는 사람은 '나는 저렇게는 못 하겠는데!'라고 생각한다. 내가 써 보고 너무 좋아서 자랑하고 소문을 내는 것은 누구나 할 수 있다.

판매 목적이 아닌 쓸 목적으로 만든 네트워크 회사의 제품은 경험 소비를 모집한다. 바꿔만 써도 추가적인 수익이 되고 또 자신과 같은 회원을 늘려갈수록 큰 소득으로 연결된다. 사업의 목표는 '얼마나 제품을 많이 파느냐?'가 아니라 '얼마나 많은 애용자를 만드느냐?'에 있다.

네트워크 사업의 근간은 소비 전환이다. 그룹의 리더가 되기 위한 제1원칙은 나부터 자사 제품의 100% 애용자가 되는 것이다. '100% 애용자'가 의미하는 것은 필요로 하지 않는 제품을 산다는 것을 의미하지는 않는다. 타 브랜드가 아닌 자사의 제품으로 100% 바꿔 쓰는 적극적인 소비 전환을 뜻한다. 사업으로 시작을 하는 분이라면 평소보다 더 열심히 제품을 집중적으로 애용해야 한다. 자사의 제품을 써서 좋아지고 개선이 되어 사람들이 스스로 물어보게 만들면 가장 효과가 좋다. 자신이 광고 모델이 되는 사업이기 때문에 내가 예뻐지고 건강해지면 빠르게 사업이 펼쳐진다.

이 사업을 타인에게만 팔려고 하는 사업자가 있는데 자신에게 먼저 팔아야 한다. 스스로 제품에 감동을 받지 못한 상태에서 다른 사람의 마음을 움직인다는 것은 불가능하다. 내게 확고한 체험담이 있으면 그 확신이 강력한 무기가 되어 판매가 이루어진다. 제품에 효과를 보게 되면 그 순간부터는 더 이상 지인들에게 아쉬운 이야기로 끝이 나지 않는다. 제품을 판매하는 것은 오히려 고객을 돕고 건강을 선물하는 행동이라고 생각이 전환된다.

네트워크 마케팅의 고수는 제품이든 사업의 기회이든 섣불리 먼저 입을 떼지 않는다. 그들은 하나같이 상대로부터 궁금증을 유발시키는 데 천재적인 기질이 있었다. 사업 초기에는 급한 마음에 제품을 써보지도 않은 채 성분과 특성을 공부해서 소비자를 만났다. 수험생처럼 달달 외운 암기 실력을 고객 앞에서 뽐냈지만 내 설명이 2% 부족했던 것일까? 프레젠테이션이 끝나고 "한번 써보고 싶어요!"라고 말하는 사람이 적었다. 내가 놓친 것은 소비자들이 더 생필품의 전문가들이라는 사실이었다. 전략을 바꾸어 열심히 써서 내 피부를 바꾸니 사람들이 입을 떼기 시작했다.

자사 제품이 취향에 안 맞거나 타사의 가격이 더 저렴해서 자사 제품을 밀어내는 사업자가 있다. 취향은 그럴 수 있겠으나 내가 먼저 바꿔 쓰는 모습을 보이지 않으면 회원들도 바꿔 쓰지 않는다. 사업자가 바꿔 쓰는 제품군의 개수가 많고 애용도가 높을수록 매출은 정비례하게 되어 있다. 나를 성공시켜 줄 제품을 진심으로 사랑하고 아끼는 마음을 가져야 한다.

자신은 벤츠를 타면서 BMW를 판다고 생각해 보라. 네트워크 마케팅은 자사의 우수한 제품으로 대체하면서 돈을 벌 수 있는 구조의 사업이다. 스폰서의 집에 타사의 치약이 욕실에 비치되어 있다면 어떤 기분이 들까? 그 사람이 주는 비전은 전혀 신뢰가 가지 않을 것이다. 나부터 회사 제품으로 바꾸는 노력을 해야 한다.

네트워크 사업자 중에 자신이 판매하는 회사의 제품을 이용하지 않는 사업자가 있다. 그들은 생필품을 구입한 생활비와 사업에서의 경비 지출을 혼동한다. 어떤 사업자는 단 몇 푼 아끼려고 타사의 제품을 이용하기도 한다. 그 당시는 가격이 싸니 마치 절약한 것처럼 생각될 수 있다. 자사 제품을 스스로 사용함으로써 소비자가 많아지면 장기적으로 들어오는 수입이 훨씬 크다. 눈앞의 이익만 생각하면, 커다란 사업의 기회를 놓치는 셈이다. '싼 제품을 사서 몇 천 원 절약하자'라는 인색한 계산으로는 성공할 수 없다.

우리집에 방문한 파트너들은 "진짜로 우리 브랜드 화장품만 쓰시네요?"라며 놀란다. 나는 사업의 본질에서 벗어난 그 질문에 더 놀란다. 우리 회사의 화장품 가격은 시중 가격에 비해서 중저가에 해당된다. 돈이 많아도 하루에 세끼만 먹는 것처럼 충분히 만족하고 있는 자사의 제품을 굳이 바꿀 이유는 없다. 더군다나 화장품 원료 값이 얼마나 부풀려 유통되고 있는지 알고 있으니 말이다. 팔기 위해 제품을 소비하는 것이 아니라 나부터 소비하려고 제품을 사야 한다.

제품을 실제로 써보고도 좋은지 모르겠다는 파트너와 고객이 있다. 자신만 제품에 확신이 있다면 그런 반응에 너무 일희일비 할 필요는 없다. 제품의 품질에 문제가 있기보다는 상품을 대하는 파트너의 감수성에 문제가 있는 경우가 크다. 대부분의 네트워크 회사 제품은 일반 유통 제품보다 훨씬 높은 원료비를 들여 제조를 한다. 언론 광고를 하지 않고 순수한 입소문 마케팅에 의존하기 때문에 좋지 않으면 팔리지 않는다. 회사는 목에 칼이 들어오는 심정으로 제품을 만든다고 해도 과언이 아니다. 사업자가 해야 되는 일은 자사 제품을 100% 신뢰하고 열심히 애용해서 자신이 효과를 보는 것이다.

사업자가 스스로 '우리 제품이 정말로 좋은 것인가?'라고 걱정하다면 사업 진행 자체가 어렵다. 고객은 '말하는 것과 다르게 행동하는 것이 일치하지 않는다'라고 불신할 것이다. 회사가 만들고 있는 제품을 따지고 걱정하기 전에 자신의 확신 없음이 더 큰 문제인 것을 알아야 한다. 제품이 좋아서 시작하는 경우가 대부분이지만 결국 좋아하는 것도 주관적인 감정이다. 반품률, 원가 비율 등이 적정 수준의 지표라면 사업에 대한 스스로의 자세부터 점검해야 한다.

초기에는 제품이 소비자에게 들어가면 '어때요, 좋지요?'라고 물어보는 것조차 겁이 났다. 제품을 쓰고는 불만불평이 들어올 것 같은 불안감이 들었기 때문이다. 간혹 제품을 쓰고 '별로 좋은지 모르겠다는 반응을 들으면 기운이 쭉 빠지기도 했다. 그러나 내가 먼저 우리 회사의 제품을 애용하면서 피부가 좋아지니 자신감이 생겼다. 구매 고객들이 내게 '좋은 제품 소개해 주어서 감사하다'라는 말을 할 때 행복함을 느낀다. 사람들은 실제로 구매를 결정할 때 의외로 감정적으로 선택한다. 사용할 때도 자신이 가지고 있는 기대와 믿음만큼 효과를 느낀다. 제품의 만족감을 크게 느낀 사업자가 더 큰 확신으로 사업을 할 수 있다.

세일즈맨은 영업의 기술로 고객을 감동시키지만 네트워커는 스스로 먼저 감동을 느껴야 한다. 내가 좋으면 체험담을 자연스럽게 주변인과 교류하게 되어 있다. 남에게 도움이 되는 정보라고 확신이 들면 망설이지 않고 적극적으로 주위 사람들에게 알리기 시작한다.

애용을 하면 체험담이 생기고 그 감동으로 소비자와 사업자까지 구축하게 된다. 평범한 사람이 어설프게 팔려고 하는 것보다 내가 써보고 달라지는 것이 가장 빠른 지름길이다. 고객을 꾀어서 물건을 판다고 생각하지 말자. "당신에게 도움이 되는 제품입니다."라고 자신감 있게 이야기하자. 자신이 먼저 예뻐지고 건강해져서 사람들이 물어보게 만드는 사람이 프로 네트워커이다.

스토리텔링을 할 수 있어야 한다

네트워크 비즈니스를 '스토리텔링 비즈니스'라고 부른다. 자신의 이야기가 제대로 전달이 되면 고객은 비로소 마음을 연다. 네트워크 사업에서 '진실은 말하고, 이야기는 판다'라는 말이 오랫동안 존재한다. 그만큼 이야기가 가진 힘은 네트워크 사업에서 사람들을 움직이게 만드는 강력한 힘이다.

사람들은 왜 네트워커의 이야기를 듣는 것을 좋아할까? 사람들은 무엇인가에 빠져 집중하고 몰입되어 있는 상태를 좋아한다. 그것은 인간의 본능이다. 여기서 '스토리'가 집중과 몰입 상태를 유도하는 아주 강력한 장치가 된다. 네트워크 사업에서 스토리를 제대로 활용하면 상대방의 관심과 호감을 얻는 일은 아주 수월해진다. 미팅을 할 때 스토리는 상대방을 움직이게 하는 힘이 있다는 것을 잊지 말자. 인간에게는 엄청난 양의 집중할 수 있는 에너지가 존재하고 늘 무언가에 몰입되길 원한다. 재미있는 영화 한편에 온전히 빠져서 헤어 나오고 싶지 않은 기분을 누구나 느껴보았을 것이다.

다른 사업자의 스토리를 들으면 시공의 제약이 사라지고 몰입되면서 행복한 경험을 하게 된다. 각자 이 사업을 만난 계기와 꿈, 역경을 이겨낸 스토리는 사람들에게 충분히 감동을 준다. 나도 모르게 방어 체계가 허물어지고 사업에 대한 인식조차 개선되는 것을 엿볼 수 있다. 처음에 거리를 두었던 상대방도 점점 호감도를 키운다. 비록 사업은 거절할 수 있어도 한 인간의 스토리는 거절하기 힘들다. 최고의 협상을 위해서는 거부할 수 없는 나만의 스토리를 만들어야 한다.

나는 사업 도중 투병 생활을 했기에 공백기가 생겼다. 그래서 다시 사업 설명을 시작하기가 버거웠다. 그새 달라진 트렌드와 시장의 추세는 내 마음만 조급하게 만들 뿐이었다. 다른 사업자들의 프레젠테이션을 들으면서 논리적이고 체계적인 그들의 설명회를 따라 하고 싶었다. 그러나 나도 그들처럼 많은 자료를 준비해서 숫자들을 제시했지만 사람들은 시큰둥한 반응이었다. 곧 보태거나 뺄 것도 없는 생생한 내 이야기를 꺼냈을 때 사람들은 반응했다.

협상에서 승부를 보려면 첫째, 상대에게 맞는 이야기를 준비해야 한다. 내가 아무리 강력한 이야기를 준비했다고 해도 상대는 관심이 없을 수 있다. 그럴 때는 상대의 관심 분야를 질문을 통해 알아내고 관련이 있는 스토리를 꺼내야 한다. 고객을 만났을 때 탐색전이 그래서 중요한 것이다. 틀에 박힌 사업 설명이 아닌 당신만의 휴머니즘을 느낄 수 있게 한다면 계약의 성공률은 높다. 잘 들어 주면서 상대가 반응할 만한 나만의 스토리를 꺼내는 것이다.

둘째, 말의 내용보다 분위기 조성이 중요하다. 심리학자 메라비언은 말의 내용보다 시청각 정보가 더 큰 역할을 기여한다는 것을 밝혀냈다. 가끔 좋은 스토리를 가지고도 실전 프레젠테이션에서 약한 모습을 보이는 사업자가 있다. 상상력을 자극하는 의성어나 의태어를 사용하여 상대방이 자신의 미래 모습을 꿈꾸게 하라. 앞으로 무언가 좋은 일이 일어날 것처럼 묘사하면 사람들은 마치 직접 경험하는 것처럼 느낀다. 흥미진진한 이야기를 들려주면 어느 순간 스스로 그 이야기의 주인공이 되어 함께 경험한다. '경제적으로 독립된 삶'에 대해 제대로만 묘사한다면 고객은 동경하게 된다.

나는 사업 설명을 할 때 '두 번 사는 여자'라는 드라마의 여주인공으로 변한다. 유학생활을 갓 끝내고 고국으로 돌아오자마자 아픈 엄마를 위해 꼭 성공하기로 다짐한다. 서민도 크게 성공할 수 있다는 말에 생소한 네트워크 사업에 뛰어들어 앞만 보고 달린다. 지칠 줄 모르고 일을 몰아치듯 하다가 결국 주인공은 병원에 입원하게 된다. 6번의 수술 후 긴 터널을 지나고 지나 마침내 성공자로 우뚝 선다. 내 이야기를 푸는 사업 설명 시간은 내 가슴이 뜨거워지고 청중도 열정을 얻는 시간이다.

카민 갤로의 《최고의 설득》에서는 이야기로 세상을 설득한 스토리텔러들이 소개된다. 특히 전설적인 스토리텔러였던 스티브 잡스의 화술이 소개되었다. 그는 청중을 흥분시키는 능력을 가진 탁월한 스토리텔러이다. 그의 탁월한 재능은 프레젠테이션 기술에 있는 것이 아니라 가슴에 있었다. 잡스는 '아이폰이 사람들의 창의성을 발휘하도록 도와준다'는 믿음이 있었다. 이것이 그의 가슴을 뜨겁게 만들어 열정을 퍼뜨렸던 것이다. 잡스가 대중들에게 선보인 프레젠테이션은 브로드웨이 연극과 흡사했다. 사람들은 함께 공감했고 앞으로 일어날 미래의 일을 상상했다.

네트워크 마케팅 비즈니스는 궁극적으로는 제품을 파는 것이 아니고 꿈을 파는 직업이다. 스토리텔링을 잘하면 설득의 고수가 될 수 있다. 사람을 설득시키는 마법의 힘은 나만의 이야기에 있다는 것을 잊지 말아야 한다.

타깃 고객을 겨냥하는 방법

네트워크 사업은 소비자의 만족도가 높아야 구전이 자연스럽게 이루어진다. 소비자는 자신에게 유리한 소비, 감동이 있는 제품을 직접 체험하면 반복 구매를 하게 된다. 이 사업의 제일 중요한 목표는 단골손님을 만드는 것이다. 애용자들의 재구매는 나의 자산에서 나오는 매출로 간주되어 권리 소득 형식으로 보상된다. 아무리 제품과 마케팅이 훌륭해도 소비자 만족이 뒷받침되지 않으면 지속적인 추가 수입은 없다. 소비자 만족은 개인마다 지극히 주관적이다. 상대가 무엇을 원하는지 파악하여 혜택까지 챙겨주는 것이 설득의 핵심이다. '특징으로 말하고 효과로 팔아라!' 고객의 실질적인 이익에 무게를 실어 설명을 해야 된다.

상품을 설명할 때는 성실한 마음을 파는 것이며 돈을 벌기보다는 신용을 벌어야 한다. 성실한 마음이란 먼저 고객의 입장에 서서 고민하고 생각하는 것이다. 마케팅에서 중요한 것은 말하는 내용보다 방식에 있다. 일방적인 특징 중심의 설명으로는 고객의 관심을 계속 움직일 수가 없다. 상대방이 얻는 실질적인 혜택으로 마무리 하는 화법을 구사해야 효과적이다.

지그 지글러는 '다른 사람이 원하는 것을 갖게 해주면 당신도 원하는 것을 이룰 수 있다'라고 말했다. '목적이 있어서가 아니라 상대가 나를 도와주기 위해 전화했구나!'라는 느낌을 받게 해야 한다. 상대방에게 절대로 확인받는다는 느낌이 들게 하면 안 된다. 점검하는 것은 일반적인 영업직 매너저들이 하는 업무이다.

네트워크 비지니스는 사람을 돕는 사업이라는 점을 의식해야 한다. 이 사업의 기회가 상대방의 인생에 어떤 영향을 끼칠지를 설명할 수 있어야 한다. 괴테는 '이해할 수 없으면 소유하기 힘들다'라고 말했다. 왜 이 제품을 써야 하고 이 사업을 해야 하는지 상대방에게 알려줘야 한다.

소비자이든 사업자이든 네트워크 사업이 자신에게 어떤 영향을 끼치는지 알고 싶어 한다. 이 답을 명쾌하게 제시할 수 있다면 가망 사업자가 사업자로 올라설 수 있다. 아무리 대단한 지표를 이야기해도 어떤 혜택을 주는지 알리지 않는다면 사람들은 관심을 기울이지 않는다. 회사와 마케팅 자료의 대부분이 혜택 중심이 아니라 특징 중심의 설명들이다. 우리 회사의 부채 비율은 낮다고 이야기하면 그것은 특징이다. "재무 구조가 튼튼해, 당신의 수당은 안정적으로 공급된다."라고 말하면 혜택에 해당되는 것이다.

정보 과잉시대를 사는 지금, 딱 한 줄로 제품을 완벽하게 소개하는 FABE 세일즈 기법을 소개한다.

F(Feature): 특징, 구조, 기술적 요소 등을 간결하게 설명한다.

A(Advantage): 강점, 제품의 차별성을 강조하고 안정성, 편리성을 보완

하여 설명한다.

B(Benefit): 혜택, 고객이 얻게 되는 실제 이익을 설명하고 데이터를 제시하면 더 효과적이다.

E(Evidence): 증거, 뉴스나 특허, 보도자료를 제시한다.

끝으로 앞으로 희망이 되는 결과를 언급하는 것으로 마무리 지으면 협상의 성과는 높아진다.

내가 후원하고 있는 사업자의 파트너가 사업을 전업으로 했으면 좋겠다며 함께 내게 상담을 요청했다. 스폰서는 내가 당장 네트워크 사업을 전업으로 하라고 밀어주길 바랐다. 나는 상담 중에 파트너가 4명의 자녀를 두었고 당장 생계가 어렵다는 것을 알게 되었다. 투잡으로 이 사업을 시작하면 생활이 쪼들리지도 않고 추가 수입을 얻을 수 있다고 이야기해 주었다. 그의 스폰서는 실망한 안색이 역력했다. 상담을 받은 당사자는 현실적인 조언을 듣게 되어 상담의 내용에 대단히 만족해서 돌아갔다.

소비자 만족이 충족될 때 구전은 자연스럽게 일어난다. 그 만족과 감동은 일회성이 아닌 지속적인 수입으로 연결되어야 한다. 소비자들은 언제든지 더 만족스럽고 자신에게 유리한 소비로 옮겨갈 준비가 되어 있다. 사람마다 소비 성향이 다르고 제품을 선택하는 폭이 점점 다양해졌다. 제품을 쓰는 게 또는 사업을 하는 게 얼마만큼의 구체적인 도움이 되는지를 증명하면 된다. 소비자는 꽤 만족스러운 경험을 하고 있다고 느끼면 누가 시키지 않아도 알아서 구전한다. 자신의 경험에 타인의 공감은 공명을 일으키고, 소개는 더욱 활발해진다. 소비자들은 그저 한번 들어온 약간의 수당에 쉽게 유혹당할 만큼 순진하지 않다.

고객의 니즈를 알아야 한다

지그 지글러는 '세일즈를 할 때 기술과 전문 지식이 차지하는 영향은 15%에 불과하다'라고 말했다. 나머지 85%는 사람에 관한 이해와 고객을 상대하는 기술이다. 사람의 마음을 사로잡으려면 먼저 상대방을 파악해야 한다. 사람은 모두 다양한 개성체로서 존재한다는 것을 인정해야 한다. 다양한 사람들과 함께 일을 하려면 제품과 보상 플랜보다 사람에 대한 관심이 있어야 한다. 상대방이 진심으로 원하는 것에 집중해야 되고, 그 문제를 해결할 수 있도록 도와야 한다. 질문을 통해 상대방의 니즈를 먼저 파악하고, 해결책을 제시하는 컨설턴트가 되어야 한다.

고객의 생각이 틀렸다는 것을 너무 증명하려고 하면 오히려 역효과가 난다. 시간이 지나도 계속 거절을 받는 사람은 반드시 자신의 영업 방식을 돌아봐야 한다. 설득을 하는 사람과 듣는 사람은 눈으로 볼 수 없는 마음의 벽이 있다. 그 마음의 벽을 허무는 마음의 벨트가 바로 신뢰와 친밀감이다. 상대방의 입장을 수긍하고 공감대를 형성하려는 노력이 중요하다. 상대와의 공감 소통을 잘하려면 설득의 기교보다 타인에 대한 깊은 통찰력이 중요하다.

미국의 어느 설문 기관에서 조사한 결과 전혀 니즈가 없던 100명의 고객 중 보험을 계약한 사람이 32명이나 되었다. 시사점은 지금 당장 필요하지 않은 제품을 사는 것은 바로 감정적인 요인이 크게 작용한다는 것이다. 예를 들어 '판매원이 친절하니까 도와주고 싶어서 산다'라는 것이다.

네트워커가 가져야 할 덕목 중 첫째는 바로 경청하는 자세이다. 고객이 말하는 것을 듣지 않고, 자기 말만 하는 사람은 결국 모든 사람들이 등을 지게 된다. 기술 개발보다 더 중요한 것은 사람에게 정성을 다하는 것이다. 상대방의 대화가 길어지는 것은 나를 신뢰하기 시작했다는 뜻이다. 나를 신뢰하기 시작하면 어떤 제안도 쉽게 수긍하게 되는 효과가 만들어진다.

상대방의 마음을 열기 위해서는 말하는 것보다 듣는 것을 먼저 해야 한다. 상대방의 이야기를 들음으로써 자신이 미처 알지 못했던 많은 지혜와 지식을 얻을 수 있다. 이야기를 경청하는 사람에게 상대는 마음의 문을 열게 된다. 상대방의 이야기를 잘 경청하고 있다고 맞장구치며 표현하면 상대방은 더욱 흥이 난다. 고수는 설득하기보다 고객이 말을 더 많이 하도록 유도한다.

리더는 항상 상대방이 원하는 것에 귀 기울이고 질문하고 확인하는 자세를 갖춰야 한다. 고객의 욕구를 확인하고 맞춤형으로 해결책을 제시할 수 있어야 한다. 질문을 던지고 답을 제시하는 과정을 반복하면 상대방은 어느새 나를 신뢰한다. 나를 그들이 전문가로 인식하게 만드는 것이 질문의 힘이다.

협상에서 빛을 발하는 효과적인 질문의 기술은 어떤 것이 있을까? 첫째, 상대방이 나의 이야기를 듣고 어떤 견해를 가지고 있는지를 파악하는 것이다. "네트워크 사업에 대해서 어떻게 생각하시나요?"라고 물어보라. 사람의 생각을 단번에 바꿀 수는 없지만 상대방의 오해를 이해로 바꿀 수 있다. 상대방의 이야기를 듣는 동안 맞춤형 해답 전략을 짤 수 있다. 둘째, "뭘 하고 싶나요? 어떻게 될까요?"라고 물어보는 것이다. 이런 질문은 미래에 일어날 일을 상상하게 만든다. 희망적인 미래를 상상하는 것만으로도 설득하기는 쉬어진다.

사업 초기에는 고객을 만나는 것이 부담스러워서 속사포로 말했다. 마음의 여유가 없었고, 이 사업에 대한 확신이 부족해서 그랬던 것 같다. 요즘은 중요한 미팅일수록 몸에 힘을 빼는 '사전 몸풀기' 작업을 한다. 작정하고 상대방의 이야기를 들어줄 마음으로 나가다 보니 부담이 적고 만남 자체가 흥미롭다. '아이구 그러셨어요.' 추임새를 넣으며 대화 속에 적절한 질문을 곁들인다. 맞장구를 친 것이 전부인데 나에게 "진짜 말씀을 잘 하세요!"라고 말하는 고객이 많다. 협상에서는 설득의 기교보다 상대방의 인생에 대한 관심이 먼저라는 생각이 든다.

사람을 깊이 이해하지 못하고 친밀하게 소통하지 못한다면 이 사업의 성과도 미비할 수밖에 없다. 사람은 누구나 자신이 대화의 중심이 되길 원하는 심리가 있다. 사업을 잘하려면 내가 중요하게 생각하는 것보다 상대방이 중요하게 생각하는 것을 말해야 된다. 대화, 설명, 질의 응대의 모든 중심점을 내가 아닌 상대방으로 이동시켜야 한다. 사업은 결국 상대의 꿈과 희망을 충족시켜야 한다. 설득하려 하지 말고 더 많이 듣고, 질문하자. 이것만으로도 해결책을 제시하는 네트워커가 될 수 있다.

기본기가 충실한 사업자가 끝까지 간다

김승호 회장은 '성공으로 가는 위대한 비밀의 규칙은 없다. 성실하고 약속을 잘 지키고 허세를 부리지 않고 친절을 베푸는 것과 같은 작은 비밀이 있을 뿐이다'라고 말했다. 네트워크 사업은 성공자들의 오랜 연구 결과 끝에 정리한 일련의 성공 양식을 복제시키는 사업이다. 만약 아직 사업의 결과가 미비하다면 자신의 습관을 점검할 필요가 있다. 네트워크 사업은 단기적으로 결과가 드러나는 일이 아니다. 그래서 좋은 습관을 가지고 실천하는 것이 중요하다.

습관은 제2의 본성이라는 말이 있다. 하기 싫은 일도 꾸준히 시도하다 보면 원래 그랬던 것처럼 몸과 마음이 기억하게 된다. 네트워크 사업을 할 때도 좋은 습관을 가지는 것은 성공을 향한 매우 중요한 요소이다. 문제는 습관은 단기간 안에 생기는 것이 아니라는 것이다. 작은 행동이 반복되고 축척이 되어야만 잘 없어지지 않는 속성으로 바뀐다. 꾸준하게 성공에 필요한 행동을 반복하게 되면 습관이 바뀌고 되고 인생도 바뀐다.

맥스웰 몰츠의《성공의 법칙》에는 '무엇이든 21일간 계속하면 습관이 바뀔 수 있다'라고 말한다. 뇌가 새로운 행동에 적응하는 데 걸리는 최소한의 시간이 21일이라는 것을 과학적으로 입증했다. 기존의 생각이 대뇌피질과 대뇌변연계를 거쳐 새로운 습관을 만드는 뇌간까지 가는데 21일이 걸린다. 21일은 뇌에 습관을 각인시키는 최소한의 시간이고 완벽하게 몸에 익히려면 60일 정도는 걸린다. 사람의 뇌는 충분히 반복하여 시냅스가 형성되지 않으면 저항을 일으킨다. 결론적으로 최소한 60일은 쉬지 않고 반복을 해야 자연스럽게 고착화된다.

네트워크 비즈니스도 성공을 위한 매일 지켜야할 8가지 핵심 실천 목록이 있다. 복제가 근간이 되어야 하는 사업인 만큼 매일 나부터 실천하고 파트너를 안내해야 한다. 내가 불량품처럼 하루를 보내면 파트너도 불량품처럼 시간을 허비할 것이다. 막연하게 느껴지는 성공의 길을 작은 계획을 세워 실천해 보는 것이다. 성과가 안 보여 실망한 사람은 '진짜 안 되는 사람이 나인가 보다'라는 생각을 했을지도 모른다. 그런 사람들에게 '습관은 바꾸는 것이 아니라 그저 쌓는 것이다!'라고 말을 해주고 싶다. 사업에 긍정적인 낙수 효과를 미칠 수 있는 한 가지 변화를 꼽자면 바로 매일 실천하는 8코어 핵심 습관이다.

막연히 실천하려고 하면 작심삼일이 되기 쉽지만 세부 요소들을 매일 점검하면 누구나 할 수 있다. 첫째, 하루에 15분을 책 읽기에 투자하자. 나 자신의 개발에 투자해야 내공을 쌓아 무형자산을 늘릴 수 있다. 둘째, VOD를 매일 한 개 이상씩 시청하자. 거절당해 기분이 좋지 않을 때 내가 복제하고 싶은 성공자의 강의를 듣고 재충천하자. 단, 검증된 영상을 반드시 선별해 보아야 한다. 성공자를 늘 내 곁에 24시간 둘 수 있어 도움이 된다.

셋째, 미팅에 참석하자. 회사, 그룹 그리고 스폰서가 주관하는 미팅에 참석하면 열정이 생긴다. 넷째, 제품을 나부터 먼저 애용하자. 제품 성분을 설명하는 것이 아니라 내가 애용한 후 감동을 전달하는 일이다. 제품에 감동이 없는 사람은 제대로 전달할 수 없다. 다섯째, STP(Show The Plan). 네트워크 사업은 사람을 만나서 이야기하는 사업이다. 최소한 일주일 세 번 이상은 제품과 사업의 비전을 사람들에게 설명한다. 여섯째, 소비자에게 나의 체험기를 전달한다. 제품 전달이 없으면 매출도 없으므로 매일의 목표를 설정하는 것이 도움 된다. 일곱째, 내가 일을 제대로 하고 있는지 스폰서에게 점검받는다. 여덟째, 신뢰를 쌓아야 한다.

피터 드러커는 '측정하지 않으면 관리할 수 없고, 관리할 수 없으면 개선할 수 없다'라고 말한다. 정말로 사업에 성과를 내고 싶다면 현재의 나를 객관적으로 측정하고 그것을 기록해야 한다. 어제보다 발전된 오늘을 발견하기 위해서는 어제의 활동과 성과 기록이 반드시 필요하다. 이를 기반으로 오늘에 대한 중요한 데이터가 만들어지고 결국 구체적인 개선의 목표가 세워진다. 카톡방에 공개적으로 매일의 실천 여부를 체크해 공유하는 것이 도움이 된다. 나부터 모범을 보이고 체크표를 공유하고 파트너에게도 매일 함께 동참하기를 권유할 수 있다. 다같이 참여하면 서로를 격려하고 습관을 개선하여 나중에는 완벽한 성공 습관으로 정착하게 된다.

체중이 늘었음은 평소에 입던 옷이 작아졌을 때 안다. 숫자는 거짓말을 하지 않으니 겁이 나서 체중계는 올라가지 못한다. 그러면서 '설마 많이 늘었을까? 적게 먹고 있고 산책도 했으니 많이는 아닐 거야!'라며 스스로를 안심시킨다. 그러나 눈 딱 감고 체중계에 올라간 그 순간부터 현실이 파악된다. 사실은 칼로리가 소모될 만큼 운동도 하지도 않았고 체중 감량식도 하지 않았다. 체크 리스트에 ○와 × 표시를 하되 ×를 ○로 바꾸는 일에 힘을 쏟아야 한다. 어떤 사람은 체크를 하라고 하니 매일 × 표시를 올리는 사람도 있다. 성공 습관은 성공을 낳고 실패 습관은 실패를 낳게 된다.

사업을 하다 슬럼프를 겪거나 정체가 왔을 때 잠시 되돌아 봐야 할 것이 있다. 기본기를 충실히 지키고 있는지 매일 성공 습관을 점검해야 한다. 제임스 클리어의 《아주 작은 습관의 힘》에는 습관이 성공에 끼치는 영향에 대해 잘 나와 있다. 그는 100번만 반복하면 그것이 자신의 무기가 된다고 말한다. 습관은 복리로 작용하여 매일 1%씩 나아지면 장기적으로 큰 변화를 이룰 수 있다. 원자가 모여서 분자가 되듯이 아주 작은 습관을 실천하면 그것이 나와 팀원들의 운명을 바꾼다. 짐론은 '성공은 마법이 아니다. 지속적인 기본 원칙을 적용한 자연스러운 결과다'라고 강조한다.

Network Marketing

나보다 실력 있는 사람을 만나야 한다

네트워크 비즈니스는 먼저 간 성공자들의 길을 그대로 따라 걷는 경험 비즈니스이다. 백범 김구는 '눈 덮인 들판을 걸을 때 함부로 걷지 마라'는 명언을 남겼다. 사업에서 가장 좋은 효율성은 시행착오를 이미 경험한 이들에게 묻고 겸허하게 배울 때이다. 그들의 실패와 성공 경험에는 돈과 비용 그리고 에너지이다. 스폰서에게 묻기만 하면 빠르게 배울 수 있는데 혼자서 하겠다고 고집하는 것은 비효율적이다. 간혹 혼자 스스로 깨우쳐 성장하기도 하지만 스승 없이 큰 성공을 한 인물은 드물다.

네트워크 사업을 하면서 나보다 실력이 뛰어난 사람을 만나 배우는 것은 큰 행운이다. 그들의 성공 노하우를 따라하면 결국 나의 성장과 성공에 도움이 된다. 그런 역할을 하는 사람을 스승 또는 멘토라고 부른다. 닮고 싶은 스승이 있는 사람은 지향점을 갖고 있어서 목표를 달성하는 데 훨씬 유리하다. 주저앉고 싶을 때마다 성공자들의 모습을 떠올리면서 끊임 없이 힘을 낼 수 있다. 마음속에 최고의 스승이 있다는 것 자체가 그 길을 따라 걷는 사람에게 심리적인 안정감을 준다.

나는 어릴 때부터 또래 친구들과 노는 것보다 나이가 많은 사람과 어울리는 것을 좋아했다. 연예인 이야기를 한창 할 나이에도 교회 사모님이나 직분자들과 이야기를 더 많이 나눴다. 먹고사는 문제에 전혀 도움이 안 되는 형이상학적 이야기를 해서 애늙은이 같다는 소리를 자주 들었다. 인생을 먼저 살아본 그들에게 배우는 지혜가 흥미로웠고, 신앙의 선배에게 하나라도 더 배우고 싶었다.

사업 초반에 시외버스를 타고 왕복 10시간씩 걸려가며 성공한 스폰서를 만나러 다녔다. 어쩌다가 멀리서 성공한 스폰서가 내려오면 먼저 그와의 미팅 시간을 확보했다. 다른 이들은 자신의 회원을 후원해 달라고 부탁했지만 나는 나 자신을 그들에게 맡겼다.

세 명이 길을 떠나면 그중에 한 명은 나의 스승이 있다고 한다. 나보다 사업을 먼저 시작한 이에게는 분명히 배울 점이 있다. 스폰서의 사정을 자꾸 신경 쓰지 말고 그의 시간을 빼앗아 내가 성장하는 데 힘을 써야 한다. 네트워크 비즈니스는 다른 사람의 시간과 노력을 활용해서 성공하는 사업이다.

사람들은 "그분은 바쁠 텐데 나를 만나줄까요?"라며 먼저 선을 긋는다. 성공한 스폰서는 늘 변화하고 배우려는 리더를 찾고 있다는 것을 알아야 한다. 그들은 그들의 성공 경험을 다른 사람에게 나누어 주는 일 자체에 보람과 즐거움을 느낀다. '스폰서가 알아서 알려주겠지?'라는 미온적인 태도는 네트워크 사업에서는 지양해야 한다. 성공자와 함께 하는 시간을 통해 평소에는 듣기 힘든 노하우를 듣고 내 것으로 만들어야 한다. 수만 명이 넘는 파트너가 있는 스폰서의 시간은 후원 사업의 특성상 누구나 무료로 쓸 수 있다. 성공자의 시간을 가장 많이 가져다 쓰는 사람이 현명한 사업자이다.

열심히 뛰는 스폰서를 만날 때면 그들의 시간을 내가 뺏는 것 같아서 미안한 마음이 들기도 한다. 내가 어서 그룹의 리더로 성장하는 길이 그들의 헌신에 보답하는 길이라고 생각한다. 타 지역에서 기차나 비행기로 후원을 내려오면 픽업 기사는 늘 내 담당이었다. 자동차 안에서 듣는 살아 있는 스폰서의 실전 경험은 열정이 되고 위로가 되었다. 어느 순간 그들의 풍부한 경험이 나에게 간접 경험이 되어 살아서 움직이기 시작했다. 내가 되고 싶은 모습을 늘 가까이서 응시했더니 어느덧 나도 그들 옆에 서게 되었다.

주도적인 것과 혼자서 하는 것은 다른 이야기다. 네트워크 사업은 팀 사업이라 스폰서의 협력이 절대적으로 필요하다. 자기 잘난 맛에 사업하는 사람은 스폰서의 도움을 받기 힘들 뿐만 아니라 결국 제 풀에 지친다. 소크라테스는 '내가 모른다는 것을 아는 것이 지혜'라고 말했다. 이 사업에서 누구도 절대로 한번에 직급에 도달한 성공자는 없다. 그들의 경험과 노하우를 존중하고 적극적으로 배우겠다는 겸손한 마음자세가 중요하다. 다시 한 번 강조하지만 혼자 하는 것을 좋아하는 사람은 다른 사업을 알아보는 편이 나을 것이다.

조언도 그 분야에서 성공한 사람에게 들어야 한다. 무점포 무경험 사업이다 보니 많은 사람들이 부담 없이 네트워크 사업에 도전한다. 진입 장벽이 낮은 사업인 만큼 조언을 구할 곳도 많다. 하지만 성공한 경험이 있는 사람을 찾아가는 것이 시간을 아끼고 부를 축적하는 지름길일 것이다.

네트워크 사업에 대해서 잘못된 생각과 부정적인 이미지를 갖고 있는 사람이 있다. 그들과 오래 시간을 보내다 보면 자신도 모르게 어느 순간 동화되어 부정적인 사고에 빠지기 쉽다. 그것은 매우 위험한 일이며 조금도 도움이 안 된다. 성공하길 원한다면 사업에서 성공한 사람들과 되도록 오래 만나야 한다. 다른 사람에게 희망을 주는 일을 하는 네트워커는 에너지 관리가 필수다. 유유상종이라고 부정적인 사람은 늘 끼리끼리 뭉쳐 다닌다. 지금도 사업을 하면서 안 되는 이유만 분석하고 돌아다니는 사업자들이 있다. 그들은 나름의 이유를 대고 분석하지만 성공은 논리와 별개의 문제일 때가 많다.

지금 생각해도 나를 스쳐지나간 아까운 인재들이 있다. 개인의 기량이 뛰어나고 따로 말할 것도 없이 혼자서 잘 해내는 사람들이다. 성공한 스폰서의 조언이 필요하지 않을 만큼 아이디어가 많고 뛰어나지만 안타깝게도 중도에 그만둔다. 이 시스템에서 가장 중요한 것은 복제인데 그들의 기량은 복제하기 어렵기 때문이다. "왜 매일 나만 이렇게 바쁘게 애를 써야 하지?"라는 자기 열심의 함정에 빠진다. 반대로 성공자의 노하우를 꾸준히 쌓아가는 사업자는 타인에 대한 감사가 넘쳐서 사업이 더 잘된다.

네트워크 사업에 성공하려면 가능한 한 성공한 스폰서에게 진력을 다해서 배워야 한다. 의식적인 훈련을 통해 자신의 한계에 계속 부딪히며 실력을 개선하는 것을 목적으로 삼는다. 긴 호흡으로 가야 하는 사업인데 나약한 나를 깨우쳐 줄 스승이 없다는 것은 외로운 일이다. 성공자에게 배운 대로 작은 성공 경험을 계속 축척해 나간다면 큰 성취와 목표를 달성할 수 있다. 당신이 진정 부자가 되고 싶다면 돈을 많이 버는 사람을 찾아가서 그 사람이 행동하는 대로 따라 하라. 미국의 석유 사업가, 대부호였던 진 폴 게티는 '내가 닮고 싶은 성공한 스폰서를 멘토 삼아 오늘부터 그들을 따라 하기 시작하라'라고 말했다.

네트워크 마케팅 사업은 스피치를 잘해야 한다

네트워크 마케팅은 마이크 잡은 강사가 가장 돈을 많이 번다고 말할 만큼 스피치가 핵심인 사업이다. 사업 설명을 못하는 사업자는 치킨집 사장인데 치킨을 튀기지 못 하는 것과 같다. 사업 설명은 거창하고 대단한 것을 보여주는 것이 아니라 효과적인 커뮤니케이션을 하는 것이다. 우선 상대방과 인간적인 만남을 마련하여 친숙함을 만든다. 대중 앞에서 스피치가 두려운 사람은 '어떻게 하면 완벽하게 할까'를 고민할 필요는 없다. 진심을 담아 있는 그대로의 내 이야기를 전달하겠다는 마음만 가지면 된다. 사전에 원고를 작성하고 연습을 충분히 하되 진심과 열정적인 태도를 보여주는 것이 핵심이다.

효과적인 사업 설명은 이 도구가 어떻게 그들의 꿈을 실현시켜 줄 수 있는지를 보여줘야 한다. 특별한 능력이 없는 보통의 사람도 성공을 할 수 있다는 점을 강조한다. 제품, 보상 플랜에 대한 내용은 정보와 통계 자료를 곁들여 신뢰감을 전달하는 것이 효과적이다. 자신의 사례를 통해 사업을 하면서의 보람, 경험담 그리고 유머를 곁들이면 좋다. 중요한 것은 상대방에게 강요하지 말고 스스로 관심을 갖게 만들어야 한다. 처음에는 스폰서의 설명회로 시작하고 차츰 자신이 마이크를 잡는 횟수를 늘린다. 사업 설명을 잘할 수 있으면 동시에 일대 다수를 후원하는 가장 강력한 무기를 보유하는 것이다.

사업설명회에서 피해야 할 것은 설명회 중 강요하는 태도로 거부감을 불러일으키지 말아야 한다. 강사의 비굴한 태도 또한 듣는 사람으로 하여금 설명회의 당위성을 떨어뜨린다. 사업 설명은 누구나 회를 거듭 할수록 잘하게 되어 있다. 진짜 고수는 시간을 초과하지 않고 정시에 잘 끝낸다. 시간을 초과하여 한없이 늘어지면 청중의 집중력이 떨어진다. 특히 비대면 설명회의 경우 1시간을 초과하지 않는 게 더 효과적이다. 과장과 거짓된 내용을 피하고 사실 그대로의 정보를 전달한다. 다채로운 시청각 자료를 동원해 단조롭고 지루한 진행은 피하는 게 좋다. 완벽한 모습을 과시하는 게 목표가 아닌 만큼 작은 실수를 하더라도 여유롭게 넘길 수 있어야 한다.

네트워크 사업에서 가장 사업 설명을 잘하는 사람은 스피치를 가장 많이 한 사람이다. 1분, 3분, 5분 스피치가 모여서 연결되면 30분, 1시간 단위의 사업 설명으로 확장된다. 사업 설명을 잘하고 싶다면 공개적인 스피치 시간에 손을 들고 스피치를 많이 해봐야 한다. 스피치를 한 뒤에는 내가 잘한 것과 못한 것, 보완할 점 등을 점검한다.

가장 크게 발전할 수 있는 방법은 프레젠테이션한 것을 녹화하고 직접 확인하는 것이다. 내가 습관적으로 반복적하여 쓰는 단어나 몰랐던 좋지 않은 습관을 발견할 수 있다. 사업 설명을 안 할 것이 아니라면 스피치를 하고 피드백을 받아야 발전할 수 있다.

누구나 처음은 서툴다는 것을 알고 스피치도 자신감이 생길 때까지 반복적으로 연습해야 한다. 웅변으로 시대를 풍미하던 윈스턴 처질도 실제로는 연설 원고를 철저히 준비한 인물이다. 그는 어릴 때 심한 말더듬이로 또래 친구들에게 따돌림을 당했다. 상대를 알아야 이길 수 있는 것처럼 사전 준비는 결과를 좌우할 만큼 중요하다.

나와 함께 하는 스폰서의 최고 직급 승급식이 거대한 컨벤션 센터에서 진행되었다. 파트너로서 너무나 자랑스러웠고 뭐라도 해서 축하하고 싶었다. 그래서 직접 회사에 전화해서 담당자에게 그날의 사업자 강사로 내가 서고 싶다고 말했다. 내 뜻이 관철되었고, 1만 5,000명이 모일 수 있는 회의장에 입장하는 순간부터 후회가 되었다. 끝도 없이 펼쳐진 무대에 올라서 보니 행사장이 너무 넓어 청중들을 집중시키기 쉽지 않았기 때문이다. 그러나 사전에 엄청난 연습량이 있었기에 산만한 분위기 속에서도 막힘없이 강의를 하고 내려올 수 있었다. 어려운 것을 해내고 나니 그 다음부터는 몇 백 명이 모인 것은 오히려 적게 느껴졌다.

성공적인 사업설명회는 청중의 기대감을 얼마나 충족시키느냐에 달려 있다. 이때 핵심은 듣는 사람이 사업설명회를 통해 뭔가를 얻어갈 수 있도록 해줘야 한다는 점이다. 모두가 나의 파트너가 된다는 욕심은 내려놓고 이런 기회를 찾는 타깃을 정해 이야기를 시작한다. 먼저 상대방과 친밀감을 형성해 마음을 열게 한 뒤 간단히 내 소개를 한다.

시대 변화와 현실 점검을 통해 네트워크 사업을 해야 하는 이유를 제시한다. 회사와 자사 제품을 선택해야 할 당위성을 설명한다. 지금 시작한 당신도 충분히 할 수 있는 공정한 마케팅 계획을 확신시켜 준다. 끝으로 이 사업의 비전과 강사의 바뀐 삶의 모습 등을 나누면서 마무리한다.

사업설명회에서 가장 공을 들여 설명할 부분은 보상 플랜이다. 사람들은 설명회를 통해 과연 네트워크 사업을 해서 돈을 벌 수 있는지를 궁금해 한다. 네트워크 사업의 소득의 특징과 원리를 청중에게 명료하게 이해시켜야 한다. 기존에 발생되는 유통 광고비를 절약해 구전으로 알린 회원들에게 보상을 한다는 점을 설명해야 한다. 이 사업의 소득의 원천이 사회적인 편견과 달리 정당하고 합법적이라는 것을 보여준다. 네트워크 사업을 통해 받는 소득은 다음과 같은 특징이 있다.

첫째, 단순히 돈을 많이 벌기 위함이 아니라 돈이 돈을 버는 자산 소득 형성이 목적이다. 내가 구축한 소비자 집단을 자산으로 인정해 매출이 발생될 때마다 나에게 돌아온다.

둘째, 복리의 원리가 적용되는 다단계 보상 방식이라는 소득의 특징을 강조한다. 내가 직접 정보를 제공한 회원뿐만 아니라 그들이 소개한 소비자의 매출도 내 것으로 인정해 준다. 시간이 지나 대수가 내려갈수록 기하급수적으로 소득이 증가된다는 특징이 있다. 끝으로 회사와 리더가 만들어 준 시스템을 통해서 조직을 구축한다. 특별한 능력이 없어도 누구나 꾸준히 제품을 알리고, 시스템을 활용한다면 자산 소득을 만들 수 있다.

네트워크 사업 설명은 형식을 잘 만들어 놓으면 계속 반복해서 하는 일이라 어렵지 않다. 사업 설명의 고수는 첫째, 누구나 알아듣기 쉽게 이야기한다. 둘째, 내용의 일관성이 있다. 가끔 사업 설명이 끝나면 "어떻게 그렇게 말을 잘해요?"라고 묻는 사람들이 있다. 나는 도움이 되었다는 이야기를 듣고 싶기 때문에 말 잘한다는 이야기는 칭찬 같이 들리지 않을 때가 있다. 10년을 청중 앞에 서서 말하기를 했는데 지금도 못한다면 그게 더 이상한 일일 것이다. 다만 투병 생활을 통해 인세 소득의 산 증인이 된 스토리를 강조해서 소득의 특징을 부각시킨다. '나도 저렇게 되면 좋겠다!'라고 상상하도록 만드는 것이 나만의 사업 설명 필살기이다.

네트워크 사업이 교육 사업임에는 논쟁의 여지가 없다. 가르쳐 주는 것을 일방적으로 듣고 깨우치는 것은 누구나 좋아한다. 문제는 파트너의 입을 떼게 해서 스스로 발표를 많이 해야 조직이 활성화된다. 어떻게 하는지 알려줘도 일부는 잘 못하고 실전에 적용을 못하는 모습을 본다. 특정 스타가 이끄는 조직은 시간이 갈수록 힘이 약해진다. 각자가 주인의식을 가지고 사업의 대표라는 마음으로 스피치를 해야 된다. 사람들은 다른 사업자들의 스피치를 들으며 열정을 받고 각오를 다진다. 서툴게 스피치를 마친 사업자들은 더 나은 스피치를 위해 더 열심히 준비한다. 파트너들을 스피치의 주인공으로 세워줘야 한다.

개그맨 유재석은 모든 게스트들이 골고루 주목받도록 '배려 스피치'를 하는 것으로 유명하다. 네트워크 사업도 주제를 던지고 스스로 말하는 시간을 주어야 파트너들이 성장한다. 처음엔 서툴지만 여러 명의 사업자가 돌아가면서 제품 소감 스피치를 준비해도 좋다. 전체 교육이 끝나면 참가한 사업자가 각자 3분 정도 스피치 하는 시간도 마련한다. '나는 왜 이 사업을 하는가!'와 같은 3분 동기부여 스피치는 효과가 좋다. '내가 써보고 효과 본 제품 이야기'와 같은 주제도 스피치 연습으로 좋은 주제이다. 파트너가 입을 떼서 스피치를 활발하게 하는 그룹은 늘 열정이 충만하게 채워져 있다.

제품 데이나 사업자 미팅에서 신경을 쓰는 부분이 참가자들의 스피치 시간이다. 한국은 전통적으로 스스로 발표하는 문화가 확립이 안 되어 있지만 시키면 잘한다. 가끔 '안 시켰으면 큰일날 뻔 했네!'라는 생각을 들게 하는 파트너들이 있다.

효과적인 사업 설명은 상대방에게 내용을 확실히 각인시켜 생각을 행동으로 실천하도록 만든다. 구전에서 구전으로 이야기가 전달되고 정보가 확산된다면 그 파급력은 점점 더 커질 것이다. 일회성 설명회로 끝나지 않게 만들려면 실질적인 행동과 결과로 이어지는 것이 중요하다. 그룹에서 하는 기본적인 틀을 유지하되 자신만의 개성적인 방식으로 계획을 제시하면 좋다. 이를 위해서는 철저히 계산된 사전 연습이 필요하다. 사업 설명 부분에 관해서도 '연습이 타고난 재능을 이긴다'라는 말은 어김없이 적용된다.

6부

네트워크 마케팅 성공법 Ⅳ : 자기 주도적인 사업자가 되어야 한다

Network Marketing

기회는 기다리는 것이 아니고 잡는 것이다

네트워크 사업은 포기하지만 않는다면 반드시 기회가 온다. 기회를 기다리기만 하면 남들이 다 가져가고 결국 남은 기회만 나에게 돌아온다. 네트워커 중 세상에서 제일 좋은 학벌의 소유자는 누구일까? '들이대, 씨부리과'를 졸업한 사람이라는 우스갯소리가 있다. 성과가 미비한 사업자는 좋은 사람을 만나지 못했거나 아직 기회를 잡지 못했기 때문이 아니다. 나보다 나은 사람에게 다가가서 네트워크 사업의 기회를 전달하지 않았기 때문이다. 행운도 스스로 만든다는 사실을 깨닫고 기회를 적극적으로 따와야 한다.

행운이란 일반적으로 사람들이 상상하는 신비스런 그 무언가가 아니다. 행운이란 간단하게 말하면 치밀한 계획과 우연한 기회가 만나는 교차로다. 운이 없다는 것은 내가 사전에 준비가 부족하다는 뜻이다. 전략도 없이 적극적인 행동도 하지 않은 사람들이 자신의 노력 부족을 운으로 돌린다. 그런 사람들은 설사 기회가 오더라도 최대한 이용할 준비가 되어 있지 않아 기회를 살릴 수 없다. 내가 통제할 수 없는 운에 기대지 말고 탁월한 노력을 하면 더 큰 기회를 잡을 수 있다.

1950년대에 개리 플레이어라는 골퍼가 남아프리카 공화국에서 미국으로 이민을 왔다. 그는 낯선 땅에 오자마자 많은 승리를 거머쥐었고, 사람들은 그를 행운아라고 부르기 시작했다. "맞아요. 나는 행운아입니다. 하지만 연습은 하면 할수록 운이 더 따르더라고요."라고 말했다. 세미나에 가는 길에 차 타이어가 펑크가 나서 자신의 승급식에 지각을 한 사업자가 있다. 그는 '오늘은 정말 재수가 없는 날!'이라고 거침없이 운 탓을 한다. '스페어타이어를 미리 준비했다면?' '이런 경우를 대비하여 조금 더 여유 있게 출발을 했다면?' 나를 가엾은 머피의 법칙의 주인공으로 만드는 것은 자기 자신임을 알아차려야 한다.

일 년이 지나도 코로나 바이러스가 수그러들지 않자 유튜브를 시작하려는 사업자가 늘어났다. '수련tv는 운이 좋은 채널이야. 어떻게 그렇게 시기를 잘 탔어!'라는 말을 듣는다. 내게 코로나가 오리라고 예상하는 그런 신통방통한 능력은 없다. 네트워커에게는 명단 고갈은 치명적인 문제이기에 끊임없는 돌파구가 필요했다. '코로나만 끝나면, 뭐를 하겠다'고 말하는 사업자들은 스스로 기회를 양보하고 있는 것이다. 코로나가 끝나면 이 기간 동안 적극적으로 사업을 한 사업자에게 먼저 기회가 돌아갈 것이다.

성공자는 모든 만남을 소중하게 여기고 그를 통한 새로운 기회를 포착하는 능력이 뛰어나다. 인맥도 능력이라고 그런 사업자를 '휴먼 네트워크' 능력이 뛰어나다고 부른다. 네트워크 사업에서 인맥이 넓다는 것은 단순히 사람을 많이 안다는 뜻이 아니다. 내가 다른 사람에게 얼마나 관심을 기울이느냐의 문제이다. 인간관계를 기반으로 유통망을 확장하는 사업인 만큼 '휴먼 네트워크'가 핵심이다. 스스로 인맥이 없고, 관리 능력이 부족하다고 생각하지 말자. 평소에 얼마나 다른 사람에게 관심을 기울이고 있는지 돌아보는 것이 더 중요하다.

네트워크 사업에서는 끊임없이 새로운 인맥을 개발해야 한다. 익숙한 사람을 만나면 마음은 편하지만 더 이상 발전은 없게 된다. 조직을 발전하게 해줄 새로운 기회를 스스로 더 많이 찾아 나서야 한다. 우리는 흔히 성공한 네트워커를 두고 '저 사람은 인복이 있다'라고 말한다. 가만히 있는데 다른 사람이 이유 없이 다가와 도와주지는 않을 것이다. 그들이 먼저 적극적으로 상대에게 다가가려고 노력했을 것이다. 인맥을 확장하고 싶다면 내가 먼저 다른 사람들에게 시간을 투자하고 마음을 써야 한다. 좋은 사람들을 만나고 싶다면 가만히 기다리지 말고 먼저 다가가자.

내가 마흔이 가까워 지금의 남편을 만났을 때 이미 연봉이 2억 원이 넘었었다. 천생연분이란 말은 이럴 때 쓰는 것일까? 나보다 네 살이 어린 남편은 자신보다 소득이 월등히 높은 여자가 전혀 걸림돌이 아니었다. 그저 자신은 어차피 나보다 돈은 더 많이 못 벌 것 같으니 내 건강을 챙겨주고 싶은 것으로 책임을 다하고 싶었다고 한다. 네트워크 사업도 나보다 더 높은 사람을 만나려면 자신이 도움을 줄 수 있는 사람이라는 자기 확신이 중요하다. 우리는 아직도 사실 여부를 떠나 서로가 서로를 구원해 주었다고 믿고 살고 있다.

대부분의 파트너들은 성공한 스폰서에게 도움을 부탁하는 것 자체를 부담스러워 한다. 그들은 "바쁘실 텐데 나를 도와줄까?'라고 생각하며 그것이 배려라고 여긴다. 기억해야 할 것은 토끼는 절대로 사자를 배려

하지 못한다. 배려라는 것은 힘이 강한 사람이 약한 사람에게 하는 것이지 약자는 단지 도움을 구할 뿐이다. 나를 돕는 스폰서가 없어서 성공하기 힘들다고 단정 짓는 사람이 있다. 나를 도와줄 사람을 만날 때까지 업라인 위로 적극적으로 올라가야 한다. 운에 의존해서 포기하지 말고 더 적극적인 사고방식으로 앞으로 나아가라. 나를 도와줄 수 있는 스폰서들과 가능한 한 많은 시간을 함께 하면 배우는 것이 많다.

네트워크 사업에서도 큰일을 이루려면 부탁을 잘 할 수 있어야 한다. 사업 기회를 얻고, 파트너를 만들고, 셀프 리더를 만나는 것도 부탁을 통해 이뤄진다. 간혹, "누구에게도 부탁을 잘 안 해요. 아쉬운 소리하는 성격이 아니에요."라고 말하는 사람이 있다. 그런 사람은 혼자서 하는 일을 하는 게 낫다. 무조건 타인의 힘을 빌려 떼를 쓰는 이기주의자가 되라는 것이 아니다. 먼저 성공한 사람들에게 도움을 받아 스스로를 성장시키라는 말이다. 어떤 사람도 모든 일에 혼자서 능통할 수 없다. 나보다 더 성공한 스폰서의 힘을 빌리는 것이 현명하다. 성공자는 대부분 타인을 돕는 일에 헌신적이다.

부탁을 하려면 기본적으로 될 때까지 부탁한다는 자세가 필요하다. 모든 세일즈맨의 46%가 고객에게 한 번 부탁을 하고는 더 이상 부탁을 하지 못한다. 4%의 세일즈맨만이 같은 고객에게 다섯 번 이상 부탁한다고 한다. 결정적으로 이 4%의 세일즈맨이 전체 판매량의 60%를 차지한다. 거절을 당했다고 감정이 상하거나 포기하면 기회 자체를 잃어버리는 것이다. 상대는 부탁을 거절할 때 미안한 마음을 갖게 된다. 그 마음을 역으로 활용해서 계속 다가간다면 결국 상대도 마음의 문을 열 것이다. 부탁을 하는 데도 다음과 같은 순서와 요령이 있다는 것을 알아두자.

첫째, 칭찬과 감사의 말로 시작한다. 그래야 상대의 거부감이 먼저 없어지고 마음의 문을 연다. 둘째, 직접적이지 않고 우회적으로 상대의 상상력에 호소하라. 도움을 주었을 때 나타나게 될 결과를 예상하게 만들어라. 셋째, 상대방의 체면을 세워주면서 부탁하라. 넷째, 상대에게 자신을 돕는 것이 도움이 된다고 느끼게 만들라. 다섯째, 도움을 받으면 반드시 나도 누군가를 돕는 사람으로 성장하겠다는 간절함으로 도움을 요청하라. 네트워크 사업에서 스폰서는 늘 그룹의 리더가 될 사람을 찾고 있다. 스폰서는 나 한 명을 도운 것이지만 그룹 전체를 도왔다는 느낌을 주는 것이 핵심이다.

우리 회사의 아이디 1번 대표 사업자는 회사의 역사를 함께 한 사람이다. 창업주의 은사로써 회사 창업 당시 함께해 달라는 요청 하나로 네트워크 사업에 뛰어들었다. 그분의 창업 스토리는 너무 감동적이어서 나와 함께 하는 파트너들에게 들려주고 싶다. 나 역시 '감히 저렇게 바쁘신 분을 어떻게 초대해야 하나?'라고 생각하며 고민 끝에 줌 세미나에 오셔서 교회 전도를 좀 해주시라고 다소 생뚱맞은 부탁을 했다. 신학 박사이시기도 했기 때문에 나의 요청에 응해주셨다. 내심 '시간 내내 사업 이야기는 안 하시고 선교만 하시면 어쩌나'라는 걱정이 들었는데 기우였다. '사업을 열심히 하는 것이 구제요, 선교이다'라는 말씀이 오히려 동기부여가 되는 시간이었다,

실패하는 사업자의 특징 중 하나는 운명론과 사주팔자를 신봉하는 사람들이다. 무의식적으로 운명론을 받아들여 수동적으로 사업을 진행한다. 그들은 사업의 결정을 내리는 주체가 자신이 아니라 통제할 수 없는 외부 요인이라는 착각에 빠져 있다. 개선해야 되는 문제를 외부로부터 찾는 사람은 성장이 당연히 느릴 수밖에 없다. 네트워크 사업의 성과가 인과응보의 결과라는 것을 깨닫는 사람은 절대 요행을 바라지 않는다.

스폰서 탓을 하고 요행을 바라거나 운에 자신을 맡기는 안일한 태도를 버리자. 행운도 자신이 만든다는 신념을 가지고 더욱 주체적으로 도전하며 살아야 성공할 수 있다.

Network Marketing

무조건 많이 만나야 성공 확률이 높아진다

네트워크 사업자들은 매일 책을 읽고 강연을 들으며 자기계발에 힘쓴다. 그런데 배운 것을 알고 깨우쳐도 실전에 나가 사람을 만나지 않으면 아무런 성과가 없다. '구슬이 서 말이라도 꿰어야 보배'라는 속담이 있다. 사업 비전이 아무리 커도 주변 사람들에게 기회를 전하지 않으면 스스로 알아봐 줄 사람은 없다. 성공 확률은 얼마나 많은 사람에게 접근하여 이 기회를 알렸는가, 그 횟수에 비례한다.

통계상 처음 거절한 사람도 계속 접촉하면 약 삼분의 일이 나중에는 사업자가 된다고 한다. 아니라고 이야기한 사람도 계속 만나다 보면 점차 관심을 보이는 것이다. 친숙해지면서 점점 신뢰 관계가 형성되고 마음의 문을 열게 된다.

내가 말하는 것은 내 마음이고, 상대방이 선택하는 것은 내 영역이 아님을 염두하자. 정확히 알고 나면 상대는 이 사업에 대해 오해를 풀고 사업에 긍정적이게 될 것이라는 확신을 갖자. 유용한 정보를 준다는 마음의 확신이 있으면 가볍고 쉽게 입을 뗄 수 있다.

업계에서 판매 1위를 차지하고 있는 맥도날드도 열 명 중 두 명만이 이용할 뿐이다. 나머지 사람들은 아마도 근처에 있는 매장이 맛이 없거나 취향이 맞지 않기 때문에 이용하지 않을 것이다. 열 명에게 사업 설명을 했는데 한 사람밖에 계약을 하지 못했다고 낙심하는 사람이 있다.

내게 백 명의 이름이 들어 있는 가망 사업자 리스트가 있다고 가정해 보자. 여섯 명이 내 제안을 거절했다고 해서 낙심하는 일은 없을 것이다. 이유는 명단에 아직 94명의 이름이 남아 있기 때문이다. 최소한 제품이라도 쓸 사람을 명단에 올리는 것이 중요하다.

제품을 바꿔 쓰든 습관을 바꾸든 당신에게 도움이 된다는 것만 이해시켜도 절반의 성공이다. 신념을 가지고 정기적으로 한 사람을 만나면 무조건 바뀐다. 내가 포기만 하지 않으면 언젠가는 상대도 나의 진심을 알아주는 일이 네트워크 사업이다. 그들이 나와 사업은 하지 않더라도 적어도 나의 충성스러운 단골 고객은 된다.

네트워크 사업을 실패하는 요인 중 가장 큰 원인은 명단에 들어 있는 회원 수가 적다는 것이다. 이 사업에서 성공하려면 가능한 많은 사람을 만나고 후원해야 한다. 누가 이런 기회를 찾고 사업에 관심을 보일지는 알 수 없는 일이다. 진짜 믿었던 사람이 조금도 관심을 보이지 않는가 하면 정말 의외의 사람이 적극적으로 나오기도 한다.

결과에 크게 신경 쓰지 않고 계속 관심을 기울이면 반드시 함께할 사람을 찾게 된다. 몇 명의 가망 사업자를 명단에 올리고 몇 명에게 사업 설명을 하였는가가 그룹의 숫자를 결정한다. 상대방을 예단하지 않고 좋은 기회를 선보인다는 마음으로 가볍게 만나야 한다.

"오케이, 이 일을 함께 할 사람이 지금 머릿속으로 서너 명 정도 생각나!", "좋아, 당장 만나야겠어"라며 쉽게 시작하려고 하는 사람이 있다. 이들은 네트워크 사업을 직업으로 시작하는 것이 아니라 그저 운이 좋기만을 바라는 사람들이다. 이들은 그저 복권을 산 것뿐인데 당첨이 되지 않으면 "이봐, 내가 다 해봤어. 내가 이미 아는 사람들에게 이야기해봤지만 아무도 관심 없었어. 애쓰지 마."라고 말한다.

내가 사업을 시작한 초기에는 가능한 한 많은 사람을 만나 가볍게 제안을 하려고 노력했다. 그리고 제품을 써주는 고객에게 충성을 다했다. 제품을 애용하는 단골 고객의 가게에 어떤 날은 5시간씩 앉아 있었다. 어느 순간 그들이 내가 가게에 방문하는 자체에 부담을 느끼고 있다는 것을 눈치챘다. 나중에 알게 된 것인데 그들은 내가 만날 사람이 없이 자신들만 바라보고 있다고 느꼈다고 한다.

그 당시 갈 때가 없는 것도 맞았고, 그들이 나와 함께해 주기를 바랐던 것도 맞았다. 문제는 파트너가 될 그 사람들이 나의 감정을 다 읽고 있었다는 것이다. 그 후로는 절대 30분을 초과해서 한자리에 머무르지 않고 더 바쁘게 다음 일정을 잡고 움직인다.

네트워크 비즈니스에서 미래의 성공자가 될 것인지 궁금한가? '매일 새로운 사람을 만나면 결국 자유를 얻게 될 것이다. 이 사업에 관한 기회를 매일 새로운 사람에게 알린다면 그중에서 반드시 나와 함께 할 사업자가 나온다. 결국 하루 미팅의 양이 내 사업의 성패를 판가름한다고 해도 과언이 아니다.

매일 세 명의 가망 사업자에게 연락을 하고 두 명의 기존 회원에게 안부를 전하며 신뢰를 쌓는다. 매일 한 명의 예비 사업자와 미팅을 가진다면 어느새 내 조직은 늘어나 있을 것이다.

100명에게 사업 설명을 하면 적어도 서너 명은 나와 함께 할 것이라는 것이 이 업계의 정설이다. 100명의 명단을 만들고 6~12개월에 걸쳐 사업 설명을 한다. 적어도 33명은 사업에 대해 어떠한 형태로든 관심을 갖게 되어 있다. 여기서 대략 33명 중에 성공하는 사람이 반드시 한 명이 나온다는 의미가 아니다.

약 33명에게 사업 설명을 하면 10명은 관심을 보이고 그중에서 3명이 사업자가 될 가능성이 있다. 그 3명 중에서 적어도 한 명이 셀프 리더 사업자가 된다는 의미이다. 대략 한 달에 9명에게 사업 설명을 해야 한다는 계산으로 일주일에 2~3명에게 사업을 설명한다.

사업 설명이 끝나면 스스로 결정을 내리도록 그들의 의견을 존중한다. 적어도 한 번은 기회를 주겠다는 가벼운 마음으로 전해야 더 좋은 결과로 이어진다. 거절을 받더라도 왜 사업에 대해 관심이 없는지 그 이유를 알고 다음을 기약해야 한다. 사람을 만나는 횟수가 거듭될수록 자연스럽게 미팅을 진행하는 실력이 늘게 된다. 거절에도 대수의 법칙이 적용되는 만큼 계약의 승률이 높아지는 것을 느끼게 된다.

조급함은 내려놓고 더 많은 사람에게 기회를 전할 뿐이라는 마음으로 하자. 사업을 하면서 공략하는 대상이 한 명뿐이라면 그 사람으로부터 반드시 승낙을 받아야 한다. 그가 승낙을 하면 천하를 얻은 기분이 들겠지만 거절을 받으면 운수 나쁜 날이 될 것이다.

당신의 세계가 한 사람의 반응을 중심으로 돌아가면 늘 불안할 수밖에 없다. 그 한 명에게 너무 많은 부담을 주게 되고 자신은 그보다 훨씬 더 많은 부담에 짓눌린다. 명단을 늘려 후속 절차를 취할 대상이 많다면 한 사람이 거절하더라도 크게 개의치 않는다. 사업을 구축하는 것이 훨씬 더 재미있고 동시에 스트레스도 줄어든다. 많은 사람에게 내가 가진 보석 같은 기회를 선보였다면 그 기회를 잡을 간절한 사람을 기다리자.

리더를 집중해서 찾아야 빠르게 성장한다

손실은 적으면서 큰 성과를 올리는 방법으로 네트워크 사업을 해야 한다. 그룹이 점점 커지면 시간적으로나 체력적으로 모든 회원에게 시간을 투자할 수 없게 된다. 스노우볼 원리로 그룹이 불어나기 때문에 리더를 찾아 그를 중심으로 키워가는 것이 효과적이다. 네트워크 사업은 서로의 협력 관계에서 신뢰하고 성장하기 때문에 리더의 역할이 중요하다. 처음에는 개인을 후원하지만 조직이 커지면 그룹의 리더가 될 만한 사람을 찾고 육성하는 게 빠르다. 먼저 스스로가 리더가 되고 또 다른 사람을 후원하고 돕는 셀프 리더를 키우는 데 전력을 다해야 한다.

네트워크 사업은 언뜻 보면 제품을 판매하는 사업처럼 보이지만 실제로는 그렇지 않다. 원대한 꿈을 가진 사람, 확실한 목표가 있는 사람, 즉 그룹의 리더를 발굴하는 일이다. 꿈이 있는 사람이 자신과 같은 꿈쟁이를 찾아 비전을 제시하는 일이다. 나라는 사람을 중심으로 회사의 제품을 유통할 가맹점을 만들어 소비자를 만드는 것이다. 가맹점주를 어떤 사람들로 채울지 고민해야 된다. 큰 사업인 만큼 유능한 사람이 많이 들어오면 빠르다. 유능한 사람을 내 사업에 참여시키고 육성시키면 그 사람이 만들어내는 조직의 숫자는 엄청나다. 네트워크 사업은 셀프 리더 한 명이 사업의 판도를 바꿀 수 있다.

네트워크 사업은 자신의 능력이 부족하더라도 산하에 셀프 리더 몇 명만 나오면 크게 성장한다. 셀프 리더란 스스로 조직을 구축할 수 있는 능력이 있는 사람이다. 일반적으로 나를 중심으로 6단계 정도 사업자가 내려가면 셀프 리더 한 명 정도 나온다. 대부분은 이런 리더가 나오기까지 대략 일 년의 시간을 견디지 못하고 사업을 그만둔다. 그리고 자신보다 능력이 없는 사람에게 가서 사업을 전달한다. 이런 방법으로 반복하다 보니 시간이 오래 걸려 포기하고 마는 것이다.

사업을 할 때 처음에 내 손을 잡아준 고마운 사람은 교회에서 만난 친한 언니였다. 애기 엄마가 나의 첫 고객이자 파트너이다 보니 그녀는 살림만 하는 주부만 데리고 왔다. 처음에는 주문이 많아져 좋았지만 소비자가 늘수록 점점 업무에 과부하가 왔다. 운전도 내가 하고 전산 업무도 내 몫이었다. 어느 날 10년 넘게 책 세일즈를 한 프로 세일즈맨을 소개받았다. 그는 '좁쌀 백날 굴려봐야 호박 하나 굴리는 거 못 따라간다'라고 했는데 그 말이 적중했다. 그가 가입되는 순간 운전으로부터 해방되었고 일을 척척 해내는 모습에 뿌듯했다.

이 사업은 배우면서 익힌다는 측면에서는 교육과 동일하지만 사업이란 이해관계가 얽혀 있다. 비즈니스의 기본적인 자세를 처음부터 끝까지 가르치려고 하면 인내심이 필요하다. 그들 중 어릴 때부터 그룹을 통솔하는 것이 익숙해 유난히 주도적인 사람이 있다. 타고난 리더는 아니지만 다른 사람의 모범이 되려고 노력하고 변화하여 성장하는 사람도 있다. 사람은 누구나 교육을 통해 변화할 수는 있지만 기본 마음 밭에 따라 성장 속도가 다르다. 물론 흔하지는 않지만 처음부터 준비된 사람을 찾으면 훨씬 빠르게 조직이 구축될 수 있다.

전문가들은 아무리 내성적인 사람이라도 평생 동안 1만 명에게 영향을 미친다고 주장한다. 사람은 누구나 타인의 삶에 영향을 줄 수 있고 또 반대로 그들의 언행에 영향을 받는다. 누구나 어떤 분야에서는 리더가 되고 또 다른 분야에서는 반대로 구성원이 된다. 중요한 것은 자신에게 리더의 잠재력이 있는지를 깨닫고 발견하는 것이다. 스스로가 리더가 되어야겠다고 결심하고 잠재력을 개발하여 끊임없이 노력하는 자세가 중요하다.

나도 돌이켜보면 후회되고 아쉬운 일이 있다. 성공하고 싶다는 마음이 있는 사람이라면 나와 함께 할 것이라는 생각을 했다. 하지만 온전히 나만의 착각이었다. 사람은 쉽게 바뀌지도 않을 뿐더러 자기만의 속도가 있기 때문에 처음부터 같이 뛰기는 불가능한 일이었다.

네트워크 사업에 리더들의 특징은 다음과 같다. 매사에 호기심이 많아 질문이 많고 대답을 듣고 싶어 한다. 도움을 요청할 줄도 알고 사람들을 잘 가르치고 후원한다. 이들은 네트워크 마케팅 사업에서의 긍정적인 면을 처음부터 볼 줄 안다. 제품 및 서비스를 구매해 이용하며 제품과 사업을 배우기 위해 적극적으로 시간을 낸다. 이들은 목표를 가지고 원하는 것을 이루려고 하는 사람을 잘 이끈다. 지인 명단을 가지고 있고 늘 새로운 사람을 추가한다. 긍정적인 사고로 사업을 즐기며 매사에 주도적이고 적극적이다.

다음과 같은 직종의 사람들은 교육만 잘하면 네트워크 사업에서 리더가 될 가능성이 높다. 판매 경험이 있는 사람들은 고객에게 거절당하는 일에 익숙해져 있다. 가르치는 일에 가까운 네트워크 사업의 성격상 교사와 강사는 유능한 파트너가 될 수 있다. 그들은 특히 사업 설명회를 할 때에 대중 앞에서 중요한 역할을 할 수 있다. 사회 활동이 많거나 일반 단체의 장들은 넓은 대인관계를 가지고 있어 사업의 리더로 적합하다. 네트워크 마케팅 유경험자는 기본적인 회사의 시스템을 가르쳐 주면 누구보다 빠르게 성장한다. 꿈은 크지만 현실에 한계에 부딪혀 실현할 방법을 모르는 자영업자에게도 기회를 주면 좋다.

어떤 집단에서나 탁월한 영향력을 발휘하는 사람이 있다. 사람들이 그의 주변에 모여들고 어떤 사안에 결론을 내릴 때 늘 중심이 된다. 네트워크 마케팅을 해 나가다 보면 조급한 마음이 들 때가 있다. 누구라도 영입해서 조직을 키우고 싶어지는 것이다. 아깝다고 상한 음식을 아무거나 먹으면 배탈이 난다는 것을 기억해야 한다.

네트워크 마케팅을 실패하는 이유는 조직의 리더를 발굴하는 데 소홀한 결과이다. 자신보다 못하거나 안주하는 사람을 찾지 말고 능동적인 사람을 찾아야 한다. 셀프 리더는 하나를 가르쳐 주면 열을 안다. 습득이 빠르고 하위 파트너를 교육하고 후원한다. 리더가 리더를 낳기 때문에 리더십 공장이 되어야 한다. 이것이야 말로 자신의 시간과 에너지를 단축시킬 수 있는 방법이다.

Network Marketing

호일러의 법칙 활용하기

네트워크 사업은 경험이 많은 스폰서가 파트너를 위해 적극적으로 리쿠르팅한다. 초보 사업자는 아직 전문가로서 부족한 면이 있기 때문에 스폰서가 나가면 리쿠르팅 될 확률이 높다. 그렇다고 스폰서가 다해 줄 것이라 생각하며 옆에서 가만히 앉아 있으면 안 된다. 스폰서를 대동해 미팅을 하지만 오히려 미팅을 주도하고 연출하는 주체가 되어야 한다. 미팅을 할 때 중간에서의 역할과 스폰서와의 호흡에 따라 성과가 나온다. 바로 네트워크 사업의 리쿠르팅 현장에서 가장 많이 쓰는 '호일러의 법칙'이다. ABC 법칙이라고도 부르는 이 법칙을 잘 이해하고 올바로 쓰는 사업자가 성공이 빠르다.

하버드 대학교 호일러 교수가 어떻게 해야 비즈니스 미팅에서 효율을 더 높일 수 있을지 연구했다. 판매하는 장소에 전문가를 초빙하여 제품의 장점을 설명했더니 더 많은 판매가 이루어진 것을 발견했다. 이 현상을 호일러 교수가 연구하고 아래와 같이 정리한 것이 '호일러의 법칙'이다. 지인에게 내가 직접 메시지를 전달하지 말고 제3자, 권위 있는 자를 통해 전달한다. C는 잘 아는 B보다는 경험자이자 전문가인 A의 말을 더 쉽게 받아들인다. 조금이라도 나보다 현명한 경험자를 동원하면 상대를 설득하기 쉬워진다.

호일러의 법칙(ABC의 법칙)

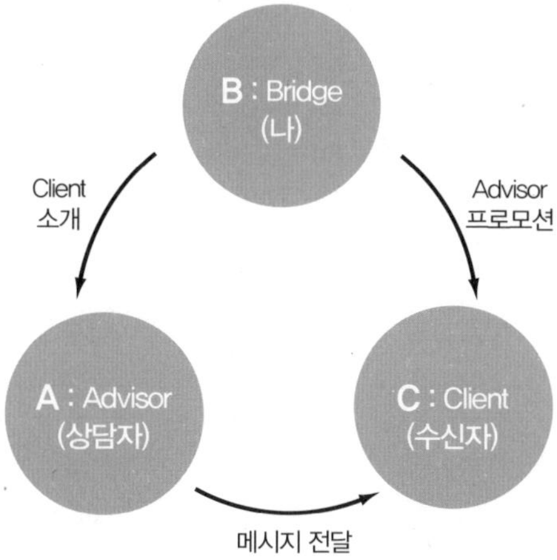

성공한 사람이 객관적으로 사업 설명을 하면 효과가 있다. 스폰서와의 미팅을 잡기 전 C와 우선적으로 신뢰관계를 쌓고, 그에게 사업 설명이 필요한지 탐색한다. 만약 사업 설명이 필요하다고 판단되면, 스폰서와의 2차 미팅을 잡는 것까지는 나의 몫이다. 1차 미팅 때부터 스폰서를 투입한다면 효율성이 떨어진다. 스폰서는 당신뿐만이 아닌 적게는 수십 명 많게는 수천 명의 파트너가 있다. 성공자의 후원을 통해 좋은 결과를 내려면 호일러의 법칙을 제대로 써야 한다.

종종 파트너들 중에 스폰서 후원을 리쿠르팅에 '만능키'라고 착각하는 사람들이 있다. 사전에 1차 미팅 없이 스폰서가 대신 어떻게 좀 해주길 바라는 마음에서 막무가내로 떠민다. 그것은 '한번 떠들어 보시오'라고 스폰서를 예정되지 않은 무대에 올려놓는 것이다. 스폰서들은 성실하게 후원을 끝마치지만 성과가 없는 행위를 반복하지는 않는다.

호일러의 법칙은 리쿠르팅 현장에서 이루어지는 퍼포먼스를 위한 스폰서와 나의 각본이다. 프로레슬링은 격렬한 운동 능력의 스포츠적인 요소를 갖고 있지만 일반적인 스포츠 종목은 아니다. 오히려 연기적인 요소가 고루 섞인 일종의 종합 무대 예술에 가깝다.

영어권에서는 선수를 퍼모머(performer)라고 칭한다. 경기는 각본에 따라 수행하는 엔터테인먼트 극의 한 갈래이다. 네트워크 사업에서의 리쿠르팅 현장도 계산된 각본을 가지고 역할극을 해야 한다. A를 활용하는 B의 역할에 따라 그날의 리크루팅 성공 여부가 결정된다.

리크루팅을 잘하는 스폰서가 미팅을 해도 클로징 확률이 극히 낮은 현장이 있다. 미팅 장소에 억지로 끌려 나오는 사람들은 팔짱을 끼고 하품을 하고 다리를 꼬고 앉아 있다. 처음부터 자신은 시간이 없으니 10분 안에 설명을 끝내라고 주문하는 사람도 있다. C가 무례한 것이 아니라 스폰서 대동에 대해 사전에 듣지 못했거나 잘못 프로모션한 경우다.

사전에 B는 C에게 잘 들을 수 있도록 분위기를 조성하고 미팅의 목적을 제대로 설명해 놓아야 한다. 숙련된 스폰서는 B가 조성해 놓은 분위기 안에서 집중하여 전문가 역할을 수행한다. 훌륭한 배우가 무대에 서더라도 그날의 조명, 음향 등의 보조 역할은 중요하지 않은가.

내 경우 최악의 미팅은 스폰서가 나오는지 모르는 현장에 나를 투입하는 것이었다. 자신이 남편을 설득할 자신이 없어서 내게 후원 미팅을 요청하며 식사를 하자고 했다. 음식도 훌륭하고 분위기도 좋아서 즐겁게 이야기가 오갔다. 나는 남편 분에게 파트너가 네트워크 사업을 하는 것을 지지해줘서 고맙다고 인사를 전했다. 내 말이 끝나기가 무섭게 식사 도중 갑자기 남편의 불벼락이 떨어졌다. 그는 아내의 친구에게 그저 맛난 저녁을 대접하러 나온 줄 알았지 이런 자리였으면 나오지 않았을 것이라는 것이었다.

호일러의 법칙으로 리쿠르팅 확률을 높이기 위해서는 사전에 치밀하게 준비해야 한다. 먼저 스폰서가 만나주기를 원하는 C에 대한 정보를 최대한 자세하게 스폰서에게 제공한다. 현재 직업, 제품의 만족도, 재정 상태 등 상대에 대한 정보가 많을수록 A는 좋은 대본을 만든다. 스폰서는 후원해야 할 사람이 많은 만큼 만나보고 싶도록 예비 사업자로서의 강점을 강조한다. 이번에는 C에게 스폰서를 멋지고 대단한 분으로 만들어 놓아야 한다. 일단 초대자는 스폰서가 어렵고 대단한 사람이라고 느껴지면 진지하게 미팅에 임하고 잘 듣는다.

가급적 미팅할 장소도 먼저 선정하면 미팅을 주도한다는 심리적 우위를 점령할 수 있다. 내가 있는 홈그라운드에서 미팅을 하면 승률이 높다. 미팅보다 일찍 도착해 시선이 분산되는 입구가 아닌 벽을 마주보고 C가 앉도록 자리를 세팅한다. C는 스폰서를 마주보고 앉히되 나도 C의 표정을 잘 살필 수 있는 위치에 앉는다. 먼저 스폰서의 음료를 주문해 놓으면서 모시기 힘든 분을 모신 것으로 장면을 연출해야 한다.

후원 미팅에 경험이 적은 스폰서일 경우 심리적으로 상당히 위축감을 느끼게 된다. 딱히 자랑할 것이 없더라도 소개자는 '정말 바쁘신 분인데, 특별히 시간 내주셨다'라고 하면 된다. 나도 초보 시절이 있었다. 여자 형제가 많은 파트너가 휴일에 한자리에 모이기 힘든 대가족을 불러 모았다. 나도 그때 경험이 부족해서 긴장하고 있었는데 그는 "이 분은 아가씨라서 시간이 많아요. 그래서 휴일에 이곳에 모셨습니다."라고 소개하는 것이었다. 처음부터 말이 꼬이기 시작하면서 어떻게 설명회를 마쳤는지 모를 정도로 애를 먹었다.

스폰서가 무대에 오르면 각본에 의한 멋진 연기에만 집중하도록 전적으로 신뢰해야 한다. 멋지게 퍼포먼스를 펼칠 수 있도록 집중의 분위기를 연출하는 것은 내 몫이다. 미팅 중 스폰서에게 맡겨두고 자리를 뜨거나 핸드폰을 만지작거려서는 안 된다. 열심히 적으면서 스폰서 말에 중간 중간 추임새를 넣는다. 스폰서가 이야기할 때는 절대 끼어들면 안 되고 혹시 틀리더라도 자연스럽게 넘어가야 한다. 전문가 역할인 스폰서가 할 말을 내가 다 해버리면 그 자리가 의미가 없다. 스폰서의 설명이 부족하면 내가 추가 질문을 하면서 손발을 맞출 수 있다.

사전에 파트너 B를 통해 C가 네트워크 마케팅 유경험자라는 것을 알게 되었다. 질문 유도법으로 스스로 말하게 하게 위해 능청스럽게 "이런 일을 한 번도 해보신 적이 없는 것 같은데 오늘 정보가 처음이지요?"라고 물었다. 내 말이 끝나기가 무섭게 B는 "제가 A사 경험이 있다고 말씀드렸잖아요!"라고 받아쳤다. 손발이 안 맞으면 그날의 미팅은 좋은 성과를 기대하기는 어렵다. 한번은 열심히 후원 미팅을 하고 있는데 휴대전화로 문자가 오는 것이다. '지금 그 이야기는 그만하시고 다른 이야기해 주세요.' 내용보다 분위기가 먼저이고 연기자의 기분이 미팅의 결과에 영향을 끼친다는 사실을 알아야 한다.

호일러의 법칙에서 스폰서의 미팅이 마무리될 때쯤 결정적인 내 역할을 할 차례가 온다. 클로징 멘트를 스폰서가 아닌 지인인 내 입으로 직접 마무리해야 된다. '친구, 들어보니 제대로지? 나랑 함께 멋지게 한번 해보자고!'라고 손을 내밀어야 한다. 클로징이라는 것이 조금은 밀어붙이는 행위인데 그런 것을 제3자에게 떠넘겨서는 안 된다. 후원을 해준 스폰서에게 감사 인사로 미팅을 마무리하고 48시간 내 반드시 C를 후속관리해야 하다. 그날의 C의 반응에 대한 피드백을 스폰서에게 전달하면서 지속적인 관심이 연결되도록 만들면 된다.

초보들은 스폰서를 대동한 미팅의 결과가 미흡하면 스폰서가 설득력이 부족하다고 생각한다. 사람들은 주관을 가지고 살아가기 때문에 상대방이 말을 잘 한다고 쉽게 설득되지 않는다. 네트워크 사업의 미팅은 확률 게임이라는 것을 안다면 스폰서가 말을 잘하는 것에 집착하지 않는다. 경험이 짧은 스폰서가 후원 미팅을 해주면 감사를 표하고 긍정적인 피드백을 하는 것이 중요하다. 실질적인 성과로 연결이 되지 않았을지라도 스폰서를 칭찬해야 그 스폰서는 점점 더 노련해지는 것이다. 호일러의 법칙에서 B는 클로징의 결정적인 역할을 하지만 실력 있는 스폰서를 만드는 데 기여한다.

나에게 정보를 준 스폰서가 사업을 안 하는 바람에 처음부터 업라인 스폰서와 일을 했다. 스폰서는 한정되어 있고 그들의 파트너는 많다는 것을 알아차렸다. 스폰서의 시간을 가능한 내가 많이 뺏기 위해 소위 '후원할 맛' 나는 미팅을 연출했다. 예비 사업자로 C를 어필하고 최대한 자세한 정보를 스폰서에게 제공했다. 확률 게임인 것을 알았기에 성과에 일희일비하지 않고 스폰서를 100% 신뢰했다. 간혹 스폰서의 미팅에 만족을 못하는 예비 사업자가 있어도 조금도 개의치 않았다. 늘 스폰서에게 감사 인사로 마무리했다. 사업을 하겠다는 파트너가 나오면 그 공덕은 후원 미팅을 해준 스폰서에게 돌렸다.

후원 미팅을 나가게 되면 C의 첫 모습만 보아도 그날의 리크루팅 성공 여부를 판단할 수가 있다. 어떤 사람은 부정적인 감정으로 마음의 벽을 치고 있다. 이는 미팅 전부터 '나는 안 듣겠다'라고 사전 선전포고를 하는 것이나 다름없다. 이런 경우는 아무리 리크루팅을 잘하는 스폰서가 미팅을 해도 성공 확률이 극히 낮다. 호일러의 법칙은 잘만 활용하면 서로를 돕는 좋은 시스템이다. 사전에 치밀하게 계획하고 상대를 배려하는 것으로 후원 미팅을 해야 한다.

작은 경험이 쌓여야 성공한다

지금 당장 사업 기회에 관심을 갖지 않는 사람들도 있다. 막상 성공을 하겠다고 시작했지만 준비 단계에만 머물러 있기도 한다. 소득을 창출하고 싶은 사람이라면 시간 제한적인 목표를 가지고 빠르게 움직여야 한다. 소득이 되기까지 인내의 시간이 늘어날수록 중도 포기하는 사람이 늘어난다.

네트워크 사업은 성분을 분석해서 지식을 전달하는 일이 아니다. 제품의 감동을 전달하면 설명이 완벽하지 않아도 누군가는 이 기회를 알아본다. "써 봐! 들어 봐!"를 이야기하는 순간부터 긍정적인 현금 흐름이 만들어지는 사업이다. 목표와 꿈은 원대하게 설정하되 시작은 작은 시도를 통한 경험을 해보는 것이 중요하다.

네트워크 사업 입문 단계에서는 초보들은 열심히 제품을 공부하고 사업의 기술을 익힌다. 네트워커는 머리 공부, 몸 공부, 마음공부가 필수인데 실전에서 써먹지 않으면 발전이 없다. 한두 달 동안은 꼼꼼하게 알아보고 배우는 시간을 가지면서 동시에 일을 진행해야 한다. 제품에 대한 지식을 공부하는 것보다 내가 써보고 달라진 느낌을 지인에게 권하면 쉽다. 지인의 긍정적인 반응이 확인되면 제품의 우수성은 빠르게 검증할 수 있다. 네트워크 사업의 수당 체계 또한 직접 수당을 받아본 사람이 정확하게 이해한다. 한 번에 모든 걸 습득한 뒤 현장으로 나가는 것이 아니라 현장에서 점차 배우는 것이다.

일 년째 사업을 알아본다며 소위 공부만 하는 사람이 있다. 사업 기술을 숙지한 뒤 당장 어떠한 결과를 내어야 한다는 지나친 부담감으로 선불리 나서지 못하는 것이다. 만약 이런 사람이 주위에 있다면 처음에는 자신이 마음에 들었던 제품을 전달하는 데 전념하도록 하자. 작은 성취감을 느낄 수 있고 수입도 올릴 수 있어 재미를 느낀다. 튼튼한 조직을 만들기 위해서는 많은 시간과 노력이 필요하다는 것은 알고 있어야 한다. 몇 주 동안 '준비를 위한 준비'만 하고 있으면 결국 지쳐서 아무것도 못하고 중단하게 된다. 처음 느꼈던 열정과 흥분은 곧 가라앉고 꿈은 이야기가 될 것이다.

초보 사업자 중에서 "자사 제품이 정말 좋다고 확신하시나요?"라고 묻기도 한다. 내가 사업 초기에 제품이 좋은지 테스트하기 위해 썼던 방법을 소개한다. 지인들에게 제품이 마음에 안 들면 반품을 받아 준다고 하고 화장품을 판매했다. 공정거래위원회에 들어가면 단일 제품 매출, 반품률, 제품 원가 비율 등을 확인할 수 있다. 그에 앞서 내가 먼저 열심히 써보면 제품이 좋은지 아닌지는 느낄 수 있다. 가장 강력한 확인 방법은 지인에게 제품을 전달하면 즉각적으로 피드백을 받을 수 있다. 제품을 전달하면 약간의 수당도 받을 수 있고 거기에 재주문까지 받으면 일거양득인 셈이다.

사업을 하면서 안타까운 사람이 지나간 것을 후회하는 사람이다. '내가 좀 더 적극적으로 전달했었어야 되는데'라며 시도하지 않은 것을 탓하는 사업자가 많다. '장고 끝에 악수 둔다'고 우물쭈물하다가는 재빠르게 행동하는 사업자에게 기회를 빼앗긴다. 신속하게 행동을 취하고 작은 성공들을 반복 경험해야 살아남을 수 있다. 네트워크 사업에서는 지혜가 필요하고 이것은 경험을 통해 얻어진다. 다양한 사람과 사례를 겪으면서 여러 가지를 깨닫고 배우고 성찰하면서 프로가 된다.

경영의 신이라 불리는 마쓰시다 고노스케의 유명한 일화를 소개한다. 어느 날 그는 '댐 경영과 적정 경영'이라는 주제로 강연을 했다. 한 마디로 여유 자원을 갖고 경영을 해야 효율적이라는 내용이었다. 강연이 마치고 나자 한 중소기업의 사장이 볼멘소리로 "저희 같은 중소 회사들이 어떻게 그걸 합니까? 이런 이야기를 들으려고 먼 곳에서부터 돈 들여서 온 게 아니에요!"라고 말했다. 마쓰시다는 말을 멈추더니 고개를 숙이며 혼잣말로 중얼거렸다

'한번 해보면 되는 건데, 그리 어려운 일이 아닌데.'

많은 이들이 완벽하게 할 생각을 하니까 시도조차 못하는 것이다. 처음에는 뭐든지 간소하고 쉽게 시도해 보자.

10년 동안 사업을 하면서 더 단단해졌고 실력이 쌓였다. 비록 결과가 실패로 돌아갔어도 그 경험은 실력이 되었다. 반대로 시도조차 하지 않았던 것들은 지금까지 미련으로 남는다. 지나고 생각해보니 지금의 조직은 순간순간 도전하고 경험을 한 결과물이다.

무모하지만 컨테이너 사무실을 개조해 센터를 오픈했기 때문에 통영의 제1호 사업자가 나왔다. 고속버스 안에서 스마트폰을 켜고 동영상을 찍은 첫 시도가 지금의 '수련tv'를 있게 했다. 어릴 때부터 소위 행동파였

던 나는 몸으로 체득하는 편이다. 경험을 통하면 비용과 대가가 크지만 이론이 더해지면 강력한 실전력이 생긴다.

사업을 하다 보면 굴곡은 있기 마련이기에 처음부터 완벽하려고 할 필요는 없다. 네트워크 마케팅은 이미 60년 넘게 검증이 끝난 사업이다. 그래서 실패를 두려워할 필요가 없다. 자회사의 시스템이 있고 실전에서 검증된 성공 공식이 존재한다. 지금도 성공자들이 배출되고 있으니 '나라고 성공을 못할까!' 하는 마음을 먹어야 한다.

'시작하라 다시 또 시작하라. 완벽주의자가 되려 하지 말고 경험주의자가 되라.'

신규 사업자들은 대부분 가입하고 2주 안에 계속 이 사업을 할지 여부를 결정한다. 그들을 어떻게 하는 것이 좋을지 고민만 하게 놔두지 말고 빨리 문 밖으로 나가게 해야 한다. 네트워크 사업의 또 한 가지 좋은 점은 배우면서 돈을 벌 수 있다는 점이다. 사업 도중 만나는 돌부리에 넘어지는 것을 너무 주저하지 말고 롤러코스터를 즐기자. 도전했을 때의 잃는 리스크와 얻는 이득 중 무엇에 비중을 둘 것인가를 생각하자.

말 센스 있는 사람이 성공한다

업계에서는 '품질과 가격이 아닌 나만의 필살기로 승부수를 걸라'는 말이 있다. 품질과 가격이 평준화되는 시대에서 품질과 가격을 뛰어넘는 나만의 차별화된 전략이 있어야 한다는 것이다. '아' 다르고 '어' 다른 말의 힘, 이것이 사업의 성공에 큰 영향을 끼친다. 네트워커들이 갈고 닦아야 할 기술 중 최고로 필요한 것 중 하나는 '말 센스'이다. 말은 상대를 격려하기도 하고, 상처를 입히기도 하는 힘을 갖고 있다. 처음부터 익숙하지 않아도 설득하는 화법을 배워야 한다.

네트워크 사업자라면 간결하고 명확하게 자신의 말을 전달하는 화법을 익혀야 한다. 판매 화법에 능수능란한 프로는 기본적으로 이야기를 오래하지 않는다. 이야기가 길어지면 고객은 지루함을 느끼고 설득력이 떨어져 권태감을 느끼기 때문이다. 짧은 시간을 할애하는 고객은 긴 이야기를 소화할 능력도 없고 듣고 싶지도 않다. 이야기의 요지를 감동적 화법의 기교로써 맛있게 배열하는 훌륭한 화법을 익혀야 한다. 스스로 상상력을 동원해 앞으로 일어날 일들을 기대하도록 의성어와 의태어 등을 사용한다. 비유, 은유 등의 수사법을 활용해서 이야기하면 고객의 마음을 사로잡는 데 훨씬 도움이 된다.

사업자는 사업의 기회를 전달하고 확언을 하며 말을 마무리해야 한다. 몸이 아프지만 병명이 발견되지 않는 환자에게는 엉터리 병이라도 붙여줘야 안심한다고 한다. 조금은 이상한 말 같지만 타인이 자신을 끌어주길 기대하는 인간의 본질을 보게 되는 부분이다. 사업을 해야 할지 불안해하는 사람들을 설득하는 데 가장 강력한 방법은 확언하는 것이다. 절대적인 신념을 가지고 방법을 제시해야 한다. 실제로 단언을 하게 되면 자신부터 그 말은 믿게 되어 이루기 위한 행동을 더 하게 된다. "그럴 것 같은데요."라고 말하는 것이 아니라 "그렇습니다."라고 말해야 한다.

《단 한 번의 만남》의 저자는 통합 PT라는 것을 통해 바쁜 이들을 설득해 보험 왕이 되었다. 10분 안에 하고 싶은 말의 요점을 최대한 압축하여 강한 스토리를 구성한다. 나도 짧은 시간 안에 요점만 이야기할 수 있도록 트레이닝을 했다. 먼저 사람을 만나면 구체적인 칭찬거리를 찾아 진심을 다해 표현했다. 대화 중에 "이 부분은 천 번도 넘게 설명해봤지만…"라고 말하면서 내가 전문가임을 드러낸다. 권위자의 말을 빌려와 "~하더라구요."라고 스토리텔링하면 더 호의적이 된다. 딱히 논리가 없어도 '왜냐하면'이라는 표현으로 부탁을 하면 의외로 내 말을 잘 들어준다. 결과는 길게 설명하는 것과 정비례하지 않는다는 것을 깨우쳤다.

네트워크 사업에서 성공하고 싶다면 상대방을 낙심하게 만들거나 상처를 주는 말은 하지 말아야 한다. 예를 들면, 실패한다는 말 대신 성공하기 어렵다는 말로 바꿔 써야 한다. 한번 내뱉은 말은 다시 주워 담을 수 없기 때문에 듣는 건 속히 하고 말하는 건 더디 해야 한다. 각양각색의 사람이 모여 일을 하는 조직인 만큼 각별히 말조심을 당부한다. 절대 해서는 안 되는 말에는 훈계, 독촉, 남 탓 등이 있다. 네트워크 사업에는 씹은 놈, 씹힌 놈, 들은 놈 이 세 명이 모두 망한다는 말이 있다. 그만큼 부정적인 말이 조직에 낳는 파급력은 엄청나기 때문이다. 절대로 우리끼리만 알고 있자는 이야기는 없다.

속담에 '말 한 마디로 천 냥 빚을 갚는다'라는 말이 있다. 말은 그 사람의 사고방식이 담겨 무심코 입에서 나와 상대에게 전달된다. 사업자라면 평소에 내면을 깨끗이 하고 긍정적인 무의식의 세계를 가꾸어야 한다. 말 한마디 농담으로 큰 손해를 끼친 쥬얼리 회사 CEO 라트너의 사례는 반면교사 역할을 한다. 당시 회사 제품을 소개하는 도중에 "어떻게 이처럼 싸게 팔 수 있냐?"라는 기자들의 질문을 받았다. 그는 "이것은 몽땅 쓰레기이기 때문이다."라는 농담을 했고, 브랜드 이미지는 금세 땅에 떨어졌다. 라트너는 결국 쫓겨났고 그의 실언 때문에 1년 사이에 매장 330개가 폐점되었다. "그것은 정말 최악의 값비싼 농담이었다."라고 그는 말했다.

나는 평소에 썰렁한 분위기를 참지 못하는 성격 탓에 무리한 개그를 시도해 오해를 많이 산다. 네트워크 사업을 하는데 더 치명적인 결함은 거침없는 나의 직설화법이었다. 어릴 때부터 돌려 말하기를 싫어했고, 유학생활 8년의 세월이 나의 화법에 영향을 미친 것이다. '솔직한 것이 뭐가 나쁘냐?'라고 생각하면서 사람들이 답답하다고 생각했다. 시간이 지나면서 의도가 아무리 좋아도 듣는 이가 언짢다면 나의 잘못이라는 생각이 들었다. 완곡한 표현으로 바꾸고 가능한 부정적인 표현을 쓰지 않으려고 노력했다.

협상을 할 때는 가급적 의식적으로 '못 해', '안 돼', '불가능해'와 같은 부정어는 쓰지 않아야 한다. 섣불리 고객의 말에 변명하려 들지 말아야 한다. 가장 효과 있는 화법은 논리를 따지는 게 아니라 상대를 말로 포용하는 공감 화법이다. 상대에게 뭔가를 지적할 때는 좋은 점부터 인정하고 개선점을 이야기해야 한다. 칭찬을 할 때는 상대의 업적에 대해 평가하지 말고 다만 그 자체를 칭찬하고 기뻐하자. 이왕이면 감탄사로 듣는 이의 기분까지 좋게 만들면 대화는 더 매끄러워질 수 있다.

계약을 마무리할 때는 이미 계약을 한다는 전제하에서 이야기해야 상대의 결정이 쉽다. 온라인 세미나를 초대하고 싶을 때도 이 방법을 활용할 수 있다. "우리 집에서 시청하는 게 좋을까요? 분위기 좋은 스터디카페에서 볼까요?" 상대가 세미나를 함께 듣는다는 가정하에 이야기하면 쉽게 거절할 수 없다. 앞으로 기대되는 결과를 이야기하면 상대방의 상상력을 동원할 수 있다. "사장님은 이대로 8코어를 꾸준히 매일 하신다면 몇 개월 안에 추가 수입 100만 원은 거뜬히 만드실 겁니다." 거짓말을 하라는 것이 아니라 정말로 그렇게 된다고 확언을 하면서 미팅을 해야 한다. 결국 내가 쓰는 언어의 온도에 따라 미팅의 열정이 결정된다.

네트워크 사업의 협상에서는 '아' 다르고 '어'가 달라 1음절의 미묘한 뉘앙스가 결과의 차이를 낸다. "아시나요?"라고 물으면 상대방은 무시당하는 느낌을 받을 수 있다. "아시지요?"라고 묻는다면 설령 상대는 몰랐다하더라도 대화에 동참시킬 수 있다. 말에는 강한 흡인력이 있다. 항상 긍정적으로 말하고, 논쟁은 하지 말자. 장점은 칭찬하고 상대방의 마음의 문을 여는 말을 하려고 노력해야 한다. 마음의 문이 열리는 말을 잘하면 사업을 진행하는 데 유리하다.

7부

네트워크 마케팅 성공법 V : 조직 구축을 잘해야 성공한다

Network Marketing

목표는 숫자로 세워야 이룬다

방문 판매 영업은 판매한 것에 대한 몫을 즉시 정산받기 때문에 목표를 철저히 관리한다. 네트워커들은 나 혼자 판매한 것에 대한 즉각 보상이 없다 보니 유독 목표에 대해 미온적인 태도를 보인다.

메이저리그 전설의 포수 요기 베라는 "자기가 어디로 가고 있는지 모르는 사람은 전혀 엉뚱한 곳에 가서 헤매고 있을 것이다."라고 말했다. 이 사업도 돈을 버는 것이 최종 목표다. 목표를 숫자로 세우고 치밀하게 행동하지 않으면 그저 값비싼 동호회를 하는 것과 다를 바 없다. 월급을 주는 대표자가 없는 일인 만큼 누구도 나에게 목표를 강제로 주지 않는다. 스스로 목표를 세우고 노력을 해야만 흐지부지 되지 않는다.

네트워크 사업은 반드시 구체적인 목표를 가지고 뛰어야 앞으로 나아갈 수 있다. 지치지 않고 지속적으로 사업을 해나가는 사람의 특징은 목표가 있다는 것이다. 간절한 목표가 있는 사람은 목적 달성을 위해 인내하고 행동하여 잠재력을 발휘한다. 목표를 가지고 사업을 하는 사업자는 어려움이 와도 자신의 목적지를 향해 쉬지 않고 달린다. 자신이 지속해서 성장하고 있는지를 확인하는 가장 좋은 방법은 목표를 세우고 평가하는 것이다. 목표는 자칫 나태해질 수 있는 사업자를 멈추지 않고 가속도를 낼 수 있도록 돕는다.

백만장자 기업가 앤드류 카네기는 "스스로 사다리를 오르려고 하지 않는 한, 그 누구도 억지로 올라가게 할 수 없다."라고 말했다. 네트워크 사업은 스스로 성공을 하려는 동기가 없으면 앞으로 나아갈 수 없다. 사랑하는 가족을 위해 반드시 성공을 하겠다고 뜨거운 목표를 세운 사람은 어려움을 이겨낸다. 팀워크 사업인 만큼 팀의 공동의 목표가 있으면 팀원들을 끈끈하게 결속시킬 수 있다.

설정에는 다음과 같은 기본 원칙을 따라야 한다.

첫째, 목표는 실현 가능한 것으로 세운다. 둘째, 목표 달성을 위한 계획은 지키기 쉽게 구체적으로 설정한다. 셋째, 잘될 것이라는 긍정적이고 적극적인 자세를 갖는다.

목표 설정을 위해 가장 선행되어야 하는 작업은 현재 나의 정확한 위치와 실력을 파악하는 일이다. 데이터를 기반하지 않은 현실성 없는 목표 설정은 그저 소망에 불과하다. 언제까지 어떤 직급을 달성하고 얼마를 벌겠다는 시간 제한적인 수치를 설정해야 한다. 최종 목표를 세웠다면 거꾸로 잘게 쪼개어 중단기 목표를 설정한다. 현재보다 약간 버거운 정도의 수준으로 설정하는 것이 좋다.

대부분의 사람들은 목표한 날짜가 다가오면 미리 포기하고 목표 자체를 수정한다. 비행기에 탑승하면 ETA란 단어를 보게 된다. ETA란 비행기의 도착 예정 시간을 뜻하는 것으로 대체적으로 큰 오차 없이 잘 지켜진다. 비행을 하면 가끔 이상기후나 특별한 사유가 발생해 항로를 지킬 수 없는 경우가 발생한다. 그럼에도 불구하고 비행기는 예정된 시간 안에 잘 도착한다. 목표가 너무나 분명해서 다양한 변수가 발생하더라도 그 상황을 해결하고 극복하는 것이다. 절대 목표를 세웠다면 도전하는 동안은 절대로 중간에 수정하지 말고 나아가야 한다. 마지막 순간까지 최선의 노력을 쏟아 붓는 데만 전념을 해야 목표에 다가갈 수 있다.

사업에 발전이 있으려면 월, 주 단위 목표를 세우고 달성한 것을 기록하고 평가해야 한다. 사업자들은 스스로의 목표를 세워 매달 스폰서에게 점검받는 것이 좋다. 한 달이 끝나고 목표 달성 여부를 스스로 평가하면서 스폰서와 함께 다음 전략을 세우는 것이다. 자회사의 성장 속도에 빗대어 나와 내 그룹이 성장하고 있는지를 비교 분석한다. 현재의 위치를 파악하고 내용을 평가하고, 현실에 맞게 재조정하여 신속하게 다음 목표를 짠다. 중요한 것은 중기 목표를 주기적으로 확인하여 몇 달 전보다 성장을 하고 있는가를 확인해야 한다.

나도 처음 하는 네트워크 사업이지만 7개 직급 중 5개 직급을 어긋남 없이 한 번에 도전하여 성공했다. 타깃으로 삼은 목표를 수행하는 확률이 높은 이유는 '처음부터 달성 가능한 목표를 설정한다'는 것이다. 그것을 '목표에 대한 거리 감각이 뛰어나다'라고 표현하고 싶다. 자신의 위치나 실력을 매달 객관적인 데이터를 근거로 평가하고 그것을 토대로 다음 목표를 설정한다. 다음으로는 '소 팔 생각만 하는 장사의 신'처럼 원하는 것에만 집중한다. 연봉 2억 고소득자가 될 때까지 매달 스폰서들에게 월별 목표를 공유하고 피드백을 받는 것도 도움이 되었다.

무라카미 카즈오의 《유전자 혁명》에서는 모든 유전자는 온오프 기능을 가지고 있다고 주장한다. 인간은 초인적인 힘을 가지고 있으며 유전자의 90%가 잠자고 있다고 말한다. 초인적인 힘을 발휘하는 유전자를 깨우려면 배수진을 치는 마감 효과를 활용해야 한다. 하지 않으면 안 되는 상황을 조성해서 '언제까지 안 되면 다른 방법은 없다'라는 각오를 다져야 한다. 힘든 일을 할 때마다 내 몸 안에 좋은 유전자에 불이 켜져 있는 상상을 하자. 도전은 힘들지만 목표를 달성한 후 성장한 나와 내 조직의 모습을 상상하면서 인내할 수 있다.

서커스단의 어린 코끼리는 입단하면 튼튼하게 박은 말뚝에 쇠사슬로 다리를 묶는다. 처음에는 격하게 저항하지만 점차 자신의 처지에 순응한다. 나중에 쇠사슬을 끊을 수 있을 만큼 자랐어도 저항하거나 도망치지 않는다. 절대로 이 상황에서 벗어날 수 없다고 여기는 것이다. 사업자 중에서도 소위 '학습된 무기력증'에 빠진 사람들이 많다. 시작부터 터무니없는 목표를 설정하고 도전하는 일마다 반복해서 실패를 습관화한다. 그들은 "해봤는데 안 되는 일이었다."라고 단정 짓는다. 실현 가능한 목표부터 작게 시작해 점진적으로 늘려가며 작은 성공을 되풀이해야 한다.

내가 이 사업을 시작하고 승급에 도전하던 어느 날, 파트너에게 전화가 왔다. 자신의 파트너가 함께 목표를 설정하면 좋을 텐데 움직이지 않는다며 내게 설득해 주기를 요청했다. 팀의 공동의 목표가 달려 있는 일인지라 그를 만나러 나갔다. "죄송합니다만 사장님을 설득할 마음이 조금도 없습니다. 목표 설정은 생명과도 같은 일이데 월급도 주지 않는 제가 목표를 세워라, 마라 할 수 없죠. 목표를 세운다는 것은 지금보다 나은 변화를 일구겠다는 나의 다짐입니다. 더 나은 성과를 희망하는 것도 네트워커 개인의 몫이라고 생각합니다."라고 담담하게 목표에 대한 내 소신을 밝혔고 이후 파트너는 목표를 세워 도전에 성공했다.

네트워크 사업은 물러설 수 없는 숫자 목표를 세우고 죽기 아니면 까무러치기로 도전에 응해야 한다. 잠재력은 목표를 통해 고통 속에서 단련이 되는데 그 후에 얻는 보상은 말할 수 없이 달콤하다.

김승호 회장은 "그 꿈이 당신이 보기에 상상조차 못할 큰 꿈이라면 상상도 못할 만큼의 노력을 하면 된다. 상상도 못할 노력을 할 자신감만 가지면 된다."라고 말했다. 목표는 어떤 마음의 태도로 대하는가에 따라 달성할 수도 있고 그렇지 못할 수도 있다. 목표를 달성하기 위해 그 어떤 장애물도 넘을 수 있다는 간절함을 품어 보자.

신뢰를 쌓는 것이 성공의 비결이다

네트워크 사업은 사람과의 관계가 중요하다. 특히 팀워크가 제대로 발휘되면 모든 문제의 반은 해결이 된다. 팀원들과 동행의식을 공유하며 협력하는것이 중요하다. 팀워크가 만들어지기 위해서는 신뢰관계가 바탕이 되어 있어야 한다. 특히 네트워크 사업이 사람의 감정을 다루는 섬세한 일인 만큼 조직의 성장과도 밀접한 연관이 있다.

조직을 이끄는 리더는 사람을 이끄는 힘이 있어야 한다. 팀원들이 단순히 자신을 좋아하기를 바라기 전에 '어떻게 하면 내가 상대에게 도움이 될까?'를 고민해야 한다. 특히 실질적인 문제를 해결해 주는 리더가 되면 파트너들은 따르게 된다. 스폰서는 도움을 주는 사람이라는 인식이 널리 퍼지면 어느새 파트너들이 주변에 모여든다. 스폰서가 파트너에게 줄 수 있는 최고의 도움은 후원 미팅에서 리쿠르팅에 기여하는 것이다.

파트너와 함께한 후원 미팅이 스폰서의 불성실한 태도로 인해 실패하면 타격이 크다. 초보 파트너들은 스폰서가 자신을 위해 진심을 다해 준비하며 열정적으로 비전을 제시할거라 기대한다. 만일 스폰서가 불성실하게 응대하여 미팅이 실패하면 리쿠르팅은 고사하고 파트너마저 잃게 된다. 사전에 치밀하게 자료를 준비하고 정돈된 복장으로 시간을 정확하게 지키는 모습을 보이자.

사업자 중에서 유망 고객에게 말로만 하는 후원을 하는 사람들이 있다. 경력이 쌓이면 어느 정도 설명하는 것은 누구나 비슷하게 한다. 타고난 능력을 처음부터 보여주는 것보다 진심을 다해 준비하고 헌신하는 모습에 파트너는 감동한다. 파트너 중에서 스폰서의 인성 문제로 크게 갈등하는 사람을 보게 된다. 결국 서로를 믿지 못하니 사업을 하기 힘들어진다. 결국 공동의 목표를 갖고 추진하는 일은 삐그덕거릴 수밖에 없다.

계획을 자주 바꾸는 것은 원칙이 없다는 뜻일 수 있다. 곧 장기적인 사업 계획을 세우지 않았다는 것으로 이해할 수 있다. 요즘은 시대가 변화가 빠르지만 사업의 기본적인 원칙과 신념은 바뀌어서는 안 된다. 회사와 스폰서는 흔들리지 않고 나아가는 모습을 보여야 한다. 파트너는 회사와 스폰서가 제시하는 비전에 로프를 걸고 암벽 등반가처럼 산을 오른다. 로프를 매어 놓은 바위나 나무가 흔들리면 산을 오르는 사람은 불안할 것이다. 흔들리는 나무에는 작은 새 한 마리도 앉지 못한다.

사업을 하다 보면 누구나 실수할 때가 있다. 그러나 여러 번 반복이 되면 결국 그 리더는 능력이 없다고 낙인 찍힌다. 실수하고도 반성하지 않고 개선하지 않으면 결국 독선적인 사람이 되기 쉽다. 사과하고 반성하고 바로잡는 태도는 절대로 부끄러운 일이 아니다. 오히려 뼈를 깎는 노력으로 개선을 하면 큰 신뢰를 얻을 수도 있다.

내 스폰서들은 언행일치를 이루는 사람들이라 믿고 따라가기 쉬웠다. 그들은 내게 믿음이 현실이 되는 것을 몸소 보여주며 강한 동기부여를 해주었다. 그들의 매번 성장하는 모습을 통해서 안내대로만 하면 되겠다는 확신이 들었다. 스폰서의 말을 신뢰하게 되면 사업에 드는 시간과 비용을 절감할 수 있다. 스폰서들이 협조를 구할 때는 묻지도 따지지도 않고 도움이 되고 싶다. 탄탄한 신뢰만 쌓는다면 어려움을 겪게 되더라도 웬만한 것은 해결된다는 것을 알게 되었다.

사람들은 본능적으로 상대가 자신을 신뢰하는 지를 알아보는 능력이 있다. 파트너들에게 신뢰를 사는 가장 훌륭한 방법은 내가 먼저 그들을 판단하지 말고 품는 것이다. 누군가에게 진정으로 신뢰를 얻으면 그를 위해서 충성을 다하게 된다.

파트너들이 잠재력을 발휘하려면 그들을 칭찬하고 신뢰하라. 그들은 신뢰받는 만큼 더 열심히 행동할 것이다. 격려는 비판보다 훨씬 강한 힘을 갖고 있다는 것을 기억해야 한다. 때로는 파트너가 어설픈 시도를 하더라도 리더는 문제점의 힌트를 짚어 주는 것으로 충분하다. 간언과 충고는 필요한 일이지만 너무 자주하면 과유불급이 된다. 적당한 선에서 멈추고 자제하는 것이 더 좋다.

네트워크 사업을 잘 하는 방법은 상대가 하고 싶어 하는 이야기를 진심으로 경청하는 것이다. 남의 이야기를 잘 들어주는 것은 생각보다 어렵다. 인간은 기본적으로 자신에게 보여주는 관심과 인정을 통해서 존재감을 확인하기 때문이다. 네트워크 사업에서 상대의 말을 경청하는 사람은 큰 어려움이 없다.

사업에서 만나는 문제 중에 실익이 없는 것은 절대로 논쟁을 피해야 한다. 사람은 아무리 잘못된 행동을 해도 대부분 그럴만한 이유가 있었다고 무의식적으로 합리화한다. 사업을 하다 보면 다양한 사람을 만나게 된다. 특히 고집이 센 사람을 상대할 때는 덩달아 욱하는 마음이 생겨 자신의 생각이나 신념을 전달하려고 한다. 논쟁은 불필요한 것이라는 것을 항상 염두에 두어야 한다.

네트워크 사업에서 진정한 성공은 나를 잘 알리는 사람이다. 사람들이 나를 믿게 만들고 제품에 대한 신뢰를 쌓아야 한다. 나에 대한 비판과 거부의식을 낮춘 다음에야 계약이 성사된다. 계속 자신의 가치와 신용을 높이는 노력을 지속하자.

이제부터는 말 한 마디라도 신중하게 하고 자신의 실수를 덮으려고 하기보다는 사과하면서 다시는 같은 실수를 반복하지 않으려고 노력해야 한다. 신뢰는 하루 아침에 만들어지는 것이 아니다.

혼자 하지 말아야 한다

네트워크 사업은 일정 시점이 되면 힘을 쓰지 않아도 저절로 돌아가는 유통 조직망이 이루어진다. 팀원들이 주도적으로 사업에 임하고 내 역할이 정확히 그룹에 복제되는 시점부터 자유는 허락된다. 이 사업을 통해 진정한 자유를 쟁취하려면 그 비결은 '절대 혼자서 하지 마라'이다. 능숙하다고 나 혼자만 일을 처리하게 되면 결국 조직 구성원은 점점 나약해진다. 다른 팀원에게 전수해 주고 싶은 사항이 있다면 언제나 보고 배우게 해야 된다. 그것이 팀원들을 주도적인 리더로 성장시키는 비결이다. 네트워크 사업에서 시간과 돈으로부터 독립하려면 내 권한을 팀원들에게 위임해야 한다.

권한 위임에 대한 가장 잘못된 이해는 단순히 내 권한을 다른 이에게 전가한다고 생각하는 것이다. 권한 위임의 목적은 내 일의 분담이 아니라 팀원들의 시너지 창출에 있다. 권한을 위임하는 리더가 되면, 실제로는 리더가 하는 일이 훨씬 늘어난다. 함께 일하는 파트너들의 개인적, 직업적 발전 단계를 최고 수준으로 끌어올려야 하기 때문이다. 자기 자신을 팀원들과 공유하는 일이며, 자신의 영향력과 기회들을 파트너에게 나눠주는 일이다. 다른 팀원들이 최고의 능력을 발휘할 수 있도록 그들의 사업에 계속 투자하는 것이 최대의 목적이다. 팀원들에게 권한을 위임하면 결국 리더의 삶의 질은 개선되고 파트너 사업 성장에 도움이 된다.

자신의 권한을 넘기는 일은 한 사람에게 집중됐던 권한을 팀원들에게 분산하는 것이다. 권한을 위임받은 팀원들은 조직을 위해 큰 책임감을 느끼고 직책에 맞는 역할을 수행한다. 파트너들에게 권한을 위임하면 자발성이 강화되면서 적극적인 참여를 통해 조직이 활성화된다. 파트너들은 스스로 주인이 되어 칭찬과 신뢰받는 느낌에 큰 성취감을 느끼게 된다. 스폰서의 대폭적인 권한 위임과 파트너들의 자발성, 이 두 가지 관계가 톱니바퀴처럼 원활하게 돌아간다.

올바른 권한 위임을 잘못 이해하는 중간 리더들의 실수를 발견한다. 권함을 위임하는 절차가 너무 짧다. 자신이 하는 것을 한두 번 보여주고는 파트너들에게 일을 떠맡긴다. 권한 위임을 통해 일의 시너지를 내는 것이 아니라 자신의 업무를 전가하는 데만 혈안이 되어 있다. 그들은 파트너들도 그동안 자기가 한 수고로움을 겪어봐야 한다고 말을 한다. 가장 최악의 일은 파트너가 자신이 수행하던 일을 그르치기라도 하면 책망하는 것이다. 결국 그는 일을 떠넘기는 무책임한 스폰서로 전락할 뿐이다.

네트워크 사업에서 권한 위임을 통하여 얻을 수 있는 이득은 생각보다 훨씬 크다. 권한 위임은 스폰서가 파트너에게 더 큰 확신과 활력을 주고, 생산성을 발휘하게 한다. 권한 위임은 리더에게 시간적 여유를 허락하여 자신의 삶과 일에서 더 가치 있는 일을 하게 해준다. 무엇보다 권한을 위임받은 파트너들에게 놀라울 정도로 긍정적인 영향을 끼치게 될 것이다. 리더로 세우는 일은 다른 사람에게 권위를 나누어 주고 정보를 공유하는 일과 같은 효과를 낸다. 내가 어떤 손해도 보지 않고 다른 팀원들의 능력을 증진시킬 수 있는 최고의 방법이다.

네트워크 사업에서 사람들은 리더가 될 파트너를 적극적으로 찾는다. 아이러니하게도 파트너를 리더로 세우는 일에 인색한 중간 리더들을 많이 만난다. 네트워크 사업이 나보다 리더감이 나와야 진정한 자유를 얻는 일이라는 것을 잊고 있기 때문이다. 파트너에게 권한을 위임하면 자신의 영향력이 줄어든다고 오해하지 말자. 현명한 리더는 자신이 가지고 있는 전권을 온전히 물려줄 파트너를 선정해서 철저하게 전수한다. 그것이 오히려 그 리더가 빛나는 길이라는 것을 이미 알고 있는 것이다.

건전한 권한 위임이 되려면 모든 팀원들이 주인 의식을 갖게 하면 된다. 파트너에게 내가 하던 일을 맡기고 그에 따르는 권한도 함께 부여한다. 스폰서는 파트너의 곁을 떠나지 않고 일을 익힐 때까지 조언이나 격려를 아끼지 않는다.

파트너가 일을 미흡하게 수행하더라도 책임은 스폰서가 진다는 마음으로 책망해서는 안 된다. 나는 내가 먼저 시범을 보인다. 파트너들은 일을 완벽하게 배우기 위해 노력하고 그 일에 익숙해지면 나는 뒤로 물러난다.

권한 위임을 하고자 한다면 전수받을 팀원 선정을 잘해야 한다.

첫째, 긍정적인 사고방식의 소유자여야 한다. 리더가 되는 일이므로 긍정적인 사고방식으로 솔선수범하면서 팀을 이끌어가야 한다. 매사에 꽁무니를 빼는 사람이라면 힘들다.

둘째, 배우려는 의지와 학습 능력이 있는 사람이어야 한다. 네트워크 사업이라는 생소한 비즈니스에 적응하기 위해서는 반드시 배움에 적극적이어야 한다. 업무를 효율적으로 수행하는 역량이 없는 사람에게 권한 위임을 하면 조직이 어려워진다.

셋째, 자기밖에 모르는 독선적인 사람은 힘들다. 자기만 잘났고 남 잘난 것은 인정하려 들지 않는 사람은 조직을 벼랑 끝으로 끌고 간다.

네트워크 사업은 진입과 퇴출의 자유가 있어 그야말로 다양한 사람들이 들어온다. 누가 인성이 어떤지, 리더로서의 자질이 있는지 없는지에 대해서는 전혀 알 길이 없다. 적절한 권한을 주면서 계속 리더를 발굴해야 조직이 커지고 활력도 생긴다. 단순히 내가 하는 일을 전가하는 작업이 아니라 파트너가 리더가 되는 과정에 적극 개입해 보자. 네트워크 사업에서는 권한 위임이 되어야만 진정한 시간의 자유를 얻을 수 있다.

Network Marketing

경험은 돈이 된다

네트워크 마케팅 사업은 사업자 스스로 리더가 되어야 한다. 리더의 자질을 처음부터 갖춘 사람도 있지만 사업을 하면서 배우는 사람도 있다. 문제를 회피하지 말고 부딪힌다면 배울 수 있는 것이 많다. 결국 사업을 통해서 만나는 어려움과 고난을 통과한 내 모습이 지금의 나를 만든다. 시련 뒤에 부쩍 성장해 있을 내 모습과 조직을 기대하면 고난을 만났을 때도 기쁘게 여길 수 있다. 결국 사업에서 만나는 모든 경험은 실력으로 승화되고 조직을 키울 수 있는 밑거름이 된다.

나의 러시아 유학 경험이 지금의 일과 전혀 관계가 없는 것처럼 보일 수 있다. '그때 겪은 것이 사업에 무슨 도움이 될까?' 싶지만 결국 자양분이 되었다는 것을 느낀다. 나는 넓은 세상에서 돈과 시간을 자유롭게 쓰고 살겠다는 결심을 했다. 귀국 후 작은 무역 회사를 차렸는데 이때 경제적 손실을 많이 봤다. 금전적인 손해는 보았지만 이 경험 덕분에 무점보, 무자본인 네트워크 사업에 관심을 가질 수 있었다. 결국 지금의 내 모습은 20대의 작은 경험과 도전들의 합인 것이다.

사람들은 돈이 없고 시간이 없어서 네트워크 사업을 지속하기 어렵다고 말한다. 그러나 근본적으로 잘못된 생각이다. 이 일은 애초에 돈과 시간이 없는 사람을 위한 것이기 때문이다. 문제를 만났을 때 해결하는 방법도 제각기이다. 문제에만 빠져서 허우적거릴 것이 아니라 해결할 방법을 찾는 것에 더욱 집중해야 한다.

문제를 예민하게 반응하는 사람은 그 문제가 해결되었어도 또다른 문제로 고민한다. 위대한 업적을 남긴 인물들은 대부분 역경을 헤치면서 살아왔다. 구차한 변명을 늘어놓지도 않았으며 오히려 실패를 성공의 발판으로 삼았다.

엄마가 돌아가셨을 직후 딱 한 번 사업을 그만두려고 했었다. 몸이 아픈 엄마는 딸의 종횡무진 승승장구하는 모습을 보는 것이 유일한 낙이었다. 갑작스런 투병 생활을 하면서 엄마가 놀라실까봐 미국에 장기 출장을 갔다고 둘러댔다. 일 년의 투병 기간 동안 걸려온 엄마의 전화를 단 한 번도 받지 않았다. 퇴원 후 딱 한 번 엄마의 얼굴을 뵈었는데 운명의 장난처럼 얼마 뒤 엄마가 돌아가셨다. 엄마 때문에 이 사업을 시작했는데 더 이상 사업을 해야 할 이유가 사라진 것 같았다. 지금은 결혼도 하고 사업도 성공을 했기 때문에 그나마 엄마를 마음껏 그리워할 수 있는 것 같다. 지금 내가 사는 모습이 부끄럽다면 엄마를 떠올리는 일조차 죄송했을 것 같다.

사업을 하다 보면 생각할수록 울화통이 터지고 '왜 내 사업은 더딜까?' 싶을 때가 있다. 이런 어려움을 겪을 때 '내가 큰 성공을 하려나 보다'라고 긍정적으로 생각해야 한다. 그럴 때 일수록 억지로라도 스폰서와 소통하고, 격려하고, 넋두리도 해보면서 이겨내야 한다. 문제를 만날 때 모든 실수와 실패의 책임은 나에게 있다는 태도로 그 원인을 내부에서 찾아야 한다. 실패가 걸림돌이 아니라 성공으로 나아가는 디딤돌이 되면서 성장을 위한 인큐베이터가 된다. 시련을 통해 배우겠다는 마음자세가 있으면 결국 나뿐만 아니라 조직 전체가 성장할 수 있다.

다이빙 부분에 올림픽 메달리스트인 펫 맥코믹은 "나는 실패가 가장 위대한 동기 유발 요인이라고 생각한다. 국가대표 선발전에서 떨어졌을 때 그 패배를 계기로 전력을 다해 훈련하고 목표에 집중했다."라고 말했다. 이 사업에서도 역경만큼 동기를 유발하는 도구는 없다. 눈앞의 어려운 상황에서 한걸음 물러나면, 역경을 통한 긍정적인 혜택을 발견할 수 있다. 역경이 주는 혜택에 집중하겠다는 의지만 있으면 그 상황을 딛고 일어설 회복력을 키울 수 있다.

나는 사업을 하면서 스폰서와의 갈등을 크게 겪어본 적이 별로 없다. 투병 생활이 끝나고 퇴원하자마자 그동안 쉬었던 것에 대해 마음이 급해졌다. 스폰서는 일 년 동안 쉬었으니 다시 처음부터 차근차근 배울 것을 권했다. 그때 아직 내 몸이 완전히 회복이 안 되었지만 모든 행사에 참여하면서 정주행하며 속도를 내었다. 그러나 팀원들이 나를 받아들이는 온도가 일 년 전과는 다르다는 것을 느꼈다. 완전히 내 자리와 위치로 돌아오는 데는 2년 넘게 시간이 걸렸다. 돌이켜보면 외롭고 힘든 시간이었지만 그때 내가 성장할 수 있었다.

칼럼니스트 윌리엄 보한은 "인생에서 어느 정도의 패배를 일찍 경험하는 것은 좋은 일이다. 무패 행진을 이어 가야 한다는 스트레스를 줄여주기 때문이다."라고 말했다. 사업을 하면서 자신의 꿈의 크기에 버금가는 장애물을 만나는 것은 도움이 된다. 장애물을 바라보는 시각을 바꿔 실력을 쌓고 혜택으로 보는 훈련을 하면 된다. 네트워크 사업을 하면서 겪게 되는 문제가 일시적으로 나를 멈추게는 할 수는 있다. 결과적으로 나를 영원히 멈추게 하는 것은 나 자신뿐인 것을 알아야 한다. 고난 자체가 문제가 아니라 문제에 예민하게 반응하는 태도에 문제가 있다. 문제를 일시적인 장애물로 보고 인내하여 한층 성장하는 법을 익혀야 한다.

파트너를 움직이게 하는 힘을 찾아야 한다

네트워크 사업은 회사나 스폰서로부터 구애받지 않는 수평적인 사업이다. 일반 직장의 수직적인 개념과는 달리 단지 스폰서라는 이유로 팀원들 위에 군림하기 힘들다. 직급이 높다고 자동적으로 리더가 되는 일이 아니라 파트너에게 진정한 리더십을 발휘해야 한다. 리더십을 측정하는 유일한 도구는 지위나 자리가 아닌 팀원과의 관계를 통한 영향력의 유무이다.

사람은 상대로부터 인정받고 싶어 하는 인정 욕구가 있다. 네트워크 세계에서는 종종 자신은 카리스마라고 생각하면서 직급을 깡패처럼 생각하는 사람이 있다. 파트너에게 인정받는다는 것은 아주 기분 좋은 일이지만, 팀원들을 먼저 존중해야 한다.

네트워크 마케팅에서 리더의 역할은 높은 지위에서 다른 사람 위에 군림하는 것과는 완전히 다르다. 탁월한 리더들은 사람들을 열정적으로 이끄는 매력이 있다. 사람들과 화합하는 과정 자체를 중요시 여기고 뒤에서 묵묵히 밀어주는 조력자의 역할을 한다. 자신의 생각을 명령하거나 지시하는 것이 아니라, 스스로 모범을 보임으로써 팀원들에게 영감을 준다. 혼자만 돋보이려 하는 것이 아니라 다른 사람을 격려하고 동기부여를 함으로써 빛나게 해준다. 성과가 있으면 나누고, 부족한 점이 있으면 다 함께 힘을 모아 개선하려고 노력한다. 한두 사람의 희생을 강요하지 않으며 다른 사람의 어려움에 대해 공감하고 도와줄 준비가 되어 있다.

얼마 전 내가 몸담은 회사가 대한민국에서 일하기 좋은 기업, 대상으로 선정되는 경사가 있었다. 더 기쁜 것은 회사 CEO가 직원들이 선정한 한국의 가장 존경받는 리더로 뽑힌 것이다. 그는 평소에 임직원들에게 회사를 위해 일하지 말고 회사를 이용해 행복해지라고 말한다. 직원들에게는 회사에서 마음껏 놀다 지치면 일하라고 강조한다. 기업의 이윤 창출보다 직원 개인의 행복을 더 중요시함으로써 직원들이 스스로 따라오게 만드는 것이다. 결국 사업도 나를 좋아하고 따르는 팀원들과의 유대관계가 끈끈할수록 조직 확장은 수월해진다.

팀에 영향력을 끼치길 원한다면 자신에게 요구하지 않는 것을 파트너들에게 요구하면 안 된다. 나를 따르는 사람들은 내가 가 본 만큼만 갈 수 있다는 사실을 기억해야 한다. 내가 가지고 있지 않은 것을 조직의 본보기로 보일 수는 없기 때문이다. 다운 라인의 속성상 좋은 면보다는 나쁜 면을 먼저 보려는 경향이 있다는 것을 받아들여야 한다. 당신이 무심코 던지는 말 한마디도 주의하고 올바른 행동을 보이도록 노력해야 한다. 리더로서 무엇보다 먼저 정확히 원칙을 지키고 훌륭한 스폰서들을 본받아야 한다. 스폰서에게 무엇인가 바라는 게 있듯이 파트너에게 바라는 것이 있다면 내가 먼저 그 일을 해야 한다.

슈바이처 박사는 평생을 아프리카 오지에서 의료 선교활동을 하면서 리더십의 모범을 보였다. 그는 타인에게 모범을 보이는 것이 영향력을 위한 일부분이 아니라 유일한 요소라고 말했다. 팀원들이 적극적으로 사업에 임하기를 원한다면 내가 먼저 적극적으로 임하는 모습을 보여라. 파트너들은 일단 스폰서를 본보기로 정하면 보이는 대로 좇는 경향이 있다. 긍정적인 본보기는 긍정적인 결과를 가져오고 부정적인 본보기는 부정적인 결과를 낳는다. 리더가 소중하게 여기는 것을 하면 팀원들도 그것을 따라 소중하게 여긴다. 리 아이어코카는 "리더의 속도가 곧 팀의 속도이다."라고 말했다. 곧 리더의 목표가 팀원의 목표가 된다.

공백기 이후 복귀하는 첫날 지금은 최고 직급자가 된 스폰서가 내게 해주신 말씀이 기억난다. "수련씨! 앞으로는 파트너들이 먼저 자리를 만들어주면 그때 그 자리에 앉으세요."라고 했다. 일 년을 병원에서 쉬었지만 소득이 줄지 않고 두 배로 뛰어 복귀하자마자 억대 연봉 클럽에 입성했다. 파트너들의 피와 땀의 결과임을 자칫 잊고 교만에 빠질까봐 미리 주의를 주신 것이었다. 약이 되는 그 말을 붙들고 지금까지 가장 먼저 도착해 파트너를 맞이하고 가장 늦게 자리를 뜨는 서번트 리더십(servant leadership)을 실천 중이다. 파트너들은 어느새 나를 예전처럼 열정적인 스폰서로 인정을 하기 시작했다.

스폰서가 파트너에게 흠모하고 싶은 상대가 되려면 인간미를 지녀야 한다. 따뜻한 인간미를 지니고 있으면 사람을 설득하거나 협력을 얻어내기 쉽다. 네트워크 사업에서도 팀원들과 좋은 관계를 맺을 때 비로소 영향력이 발휘될 수 있다.

스폰서와 파트너 사이에도 긍정적인 관계인 우정을 맺을 수 있다. 루

스벨트는 성공에 필요한 중요한 요소는 주변 사람들과 잘 지내는 법을 아는 것이라고 말했다. 좋은 인간관계 없이 사업에 성과를 내기란 거의 불가능하다. 스폰서 파트너와 단순한 팀원이 아닌 친구가 되면 사업에서도 확실한 피난처가 될 수 있다.

우리 그룹의 최고 직급자 스폰서는 결혼을 하지 않았다. 그런데 겉모습과 달리 별명이 싸움닭이다. 홀어머니를 모시고 오랜 생계형 가장으로 살다보니 본의 아니게 호전적으로 변한 것이다. 거침없는 입담과 직설화법으로 강의 중 종종 얼굴이 화끈거릴 때가 있지만 우리는 그녀를 사랑한다. 언뜻 내용이 날카롭지만 파트너를 향한 사랑과 애정이 묻어나기에 파트너들은 그녀를 따른다. 기본적으로 자신을 향한 관심의 유무를 파트너들도 본능적으로 아는 것이다. 영향력을 행사하기 이전에 인간적인 유대관계를 공고히 하는 것이 메시지 전달에도 효율적이다.

카네기는 타인과의 건강한 관계를 위해서는 비판, 비난하지 않고 불평하지 않아야 된다고 했다. 네트워크 마케팅은 결국 피플 비즈니스이므로 사람과의 관계가 중요하다. 제품보다 사람이 먼저고, 사업 이전에 사람이 존재해야 한다. 사업에서 수입을 가져다주는 것도 사람의 힘이고, 인간적으로 성장하는 것도 팀원들 덕분이다. 파트너를 동기부여 시켜서 목표에 열의를 가지고 매진하도록 하려면 스폰서의 열의가 우선이다. 스폰서에게 열정이 있다면 파트너들은 그 열정을 제일로 꼽는다. 파트너가 닮고 싶은 스폰서가 되면 저절로 그들의 협조를 얻을 수 있다.

Network Marketing

머물고 싶고 다시 오고 싶게 만들어야 한다

네트워크 마케팅 조직은 진입로와 출구가 넓어 사람들이 수시로 오간다. 가능한 많은 사람들이 내 그룹으로 유입이 되어야 하고 오래 함께 해야 한다. 팀원들을 자꾸 늘려 조직을 확대하려면 사업적인 요소 외에 사랑이라는 주요 성분이 필요하다. 비록 바로 돈이 안 되더라도 조직에 머무는 것을 즐겁고 유쾌하게 만들어야 한다. 결속력을 강화해서 팀원들이 추구하는 이상적인 생활과 꿈을 실현해 나갈 수 있도록 도와야 한다. 사랑의 열량이야말로 네트워크 비즈니스를 성공으로 이끄는 원천이다.

사람들이 모이는 그룹은 특별한 분위기가 있다. 팀원들을 내 사업의 성공의 수단으로 삼지 않고, 성공을 함께 이루고 나누는 동반자로 여겨야 한다. 팀원이 실수를 해도 용기를 북돋아 주고 도움을 주려고 노력하자. 조직에 문제를 발견하면 문제를 만들기보다는 문제를 해결하는 데 최선을 다한다.

주위에 사람들이 끊이지 않는 사람들의 특징은 무엇일까? 성경에서

그 답을 찾을 수 있다. '남에게 대접을 받고자 하는 대로 너희도 남을 대접하라.'

네트워크 사업에서도 상대방에게 대접받고자 하는 대로 먼저 대접하는 것이 지혜로운 사람이다. 먼저 주고 상대방에게 돌려받을 것보다 더 많이 주면 갈등이 생길 일이 없다. 세상에 손해를 보는 사람을 마다할 사람은 없다. 자존심이 순간 발동하면서 '내가 저들보다는 더 낫다'라는 의식이 사람에게 있다. 대부분은 대접을 받고 싶어 하지 대접하는 것을 싫어한다. 조직이 더 성장하기를 원한다면 더 많이 주고 손해를 자처하는 사람이 영리한 사업자이다.

나는 그동안 직급에 도전하면서 큰 어려움을 겪은 적이 없다. 사람들은 어떻게 그렇게 순조롭게 도전에 성공하느냐고 묻는다. 늘 내가 좀 더 손해를 보자는 원칙을 가지고 일을 처리하기 때문이라고 답한다. 네트워크 사업은 사람들의 이해관계가 얽혀 있기 때문에 내가 손해를 보고 좀 더 일을 하자고 마음먹으면 빠르게 문제를 해결하고 상대방의 마음까지 살 수 있다. 당장은 손해를 보는 것 같지만 팀원들이 나를 따르게 되니 장기적으로는 가장 현명한 처사이다.

네트워크 사업은 나의 능력보다는 나보다 뛰어난 하부 파트너 등이 들어옴으로써 성공을 맛보게 된다. 팀원들의 잠재능력을 끌어내는 것에 집중하여 상대방의 장점을 보도록 노력해야 한다. 사업을 잘 하려면 다른 사람의 약점을 들춰내어 비판하기보다는 강점을 보는 훈련을 해야 한다.

네트워크 사업에서 상대가 유독 나와 맞지 않아 힘들어 하는 사람들이 있다. 상대가 반감을 가지고 있기 때문에 나도 그가 싫어지는 것이라고 생각하지만 사실은 그 반대이다. 내가 상대를 불편하게 생각하기 때문에 그 마음이 전달되는 것이다.

심리학에서는 투사의 원리라고 부르는데 원인은 100% 자기에게 있는 경우가 많다. 상대에게 호감을 받으려면 먼저 상대에게 호의를 베풀어야 한다. 이쪽에서 먼저 호의를 나타내는데 상대가 반감을 가질 리가 없다. 사람들이 내 그룹의 조직원이 되기를 원한다면 먼저 좋아하는 마음을 가져야 한다.

나는 처음 보는 사람과 미팅이 있을 때 나만의 절차 같은 것이 있다. 먼저 마음으로 다음과 같은 세 문장을 속삭인다. '나는 당신을 많이 좋아합니다. 당신도 나를 많이 좋아합니다. 우리는 오늘 따뜻한 시간을 함께 보내게 됩니다.' 미팅 자리에 누가 나오더라도 그 사람의 인생의 열렬한 팬이 되어 그에게 관심을 기울인다. 상대를 내편으로 만드는 가장 확실한 방법은 먼저 상대에 대한 선입견을 버리고 좋아하는 것이다. 자신을 좋아하는 사람을 멀리하는 사람은 이 세상 어디에도 없다.

마음의 그릇의 크기만큼 사람을 품을 수 있으므로 모든 사람을 안을 만큼 품을 넓혀야 한다. 너그러운 사람 곁에는 언제나 사람이 많다. 네트워크 사업에서는 꼭 논리가 중요하지 않고 얼마나 포용하고 공감하느냐가 더 중요할 때가 많다. 때로는 이해가 안 가는 일이 일어나도 절대 부딪힐 필요가 없다. 상식이 통하지 않을 때는 침묵하는 편이 이득이다. 또한 아무리 억울한 일을 당했어도 남을 함부로 험담해서는 안 된다.

네트워크 사업은 많은 사람이 모이는 곳이어서 당황스러운 일도 비일비재하게 일어난다. 팀원들의 사소한 실수나 잘못을 너그럽게 포용할 수 있어야 조직을 키울 수 있다. 이 사업은 회사나 스폰서를 위한 일도 아닌 오직 자신을 위한 사업이다. 누구도 지시하고 명령할 수 없는 수평 체계인 만큼 함께 뜻을 맞춰 발전하는 것이 중요하다.

네트워크 사업에서 사람이 들어오고 나가는 것에 너무 민감하게 영향을 받을 필요가 없다. 공자도 진나라와 채나라에서 자신을 쫓던 제자들이 지금은 모두 문하에 없다고 탄식을 했다. 문하에는 3,000명 넘는 제자가 있었지만 몇몇 제자를 제외하면 수시로 들어왔다 나가는 것을 반복했다. 비록 문하에 있었던 제자들이 모두 없어졌지만 여전히 공자의 제자는 3,000명을 넘었다.

네트워크 사업은 누구나 시작할 수 있지만 아무나 성공하는 것은 아니다. 도중에 탈락해서 탈퇴하는 회원도 있고 활동하지 않는 회원도 있으며 새로 들어오는 회원도 있다. 수차례 이런 과정을 반복하면서 그룹은 커지고 사업자도 성장한다.

끊임없이 내 조직에 새로운 사람들이 들어오고 머무르게 해야 한다. 내가 바르고 좋은 사람이 되면 좋은 사람들이 찾아온다. 사업의 특성상 수시로 사람들이 들어갔다 나갔다 하지만 늘 사람을 품을 대비를 해야 한다.

항상 좋은 사람을 맞이할 수 있도록 마음의 그릇을 넓히자. 팀원들이야말로 당신을 이 사업에서 경쟁으로부터 승리하게 해주는 가장 큰 자산이다. 팀원들과 일체감을 갖고 소속감을 불어넣어줘야 오래 머무를 수 있다. 팀원들 스스로가 아주 중요한 역할을 하고 있다고 느끼게 하자.

자기 주도로 뛰는 사람이 성공한다

대부분의 사람들은 변화보다는 기존의 안정적인 것을 좋아한다. 한국 땅에서 네트워커로 산다는 것은 삶의 주인공이 되겠다는 적극적인 표현이다. 진정한 부자가 되어 돈과 시간으로부터 독립하는 사람이 되겠다는 변화의 시도인 것이다.

전 세계의 95%의 사람들이 남이 세워놓은 기준에 맞춰 시간과 노동을 제공하며 산다. 나름 안정적인 생활을 하고 있다고 생각하지만 자기 결정권이 없으니 평생토록 진정한 행복은 맛보지 못한다. 네트워크 사업에서 성공하면 '경제적 자유'라는 보상으로 행복한 삶을 살 수 있다. 경제적 자유는 마음껏 하고 싶은 일을 하게 해주고 자신이 소유하고 싶은 것을 허락한다. 자신의 삶을 잘살고 싶다면 남들이 가지 않는 외로운 길에서 변화에 도전해야 한다. 기존에 가지고 있던 소비 습관에서 벗어나 소비자 주권 운동에 적극적으로 참여해야 한다. 작은 변화를 시작으로 인생을 주도적으로 살 수 있게 해주는 도구가 네트워크 사업이다.

부자는 돈을 만들어 주는 시스템을 보유하거나 시스템을 활용해서 성공적인 삶을 산다. 자본이 없거나 특별한 재주가 없는 사람은 네트워크 사업을 통해서 시스템의 주인이 된다. 스폰서와 회사로부터 종속되는 일이 아니기에 독립 자영업자라는 인식을 명확하게 가져야 한다. 비록 무점포 사업이지만 매장을 가진 주인이라고 생각하고 누구보다 열심히 하루를 시작해야 발전한다.

스폰서는 도움을 주는 사람이지만 결국 그가 해주는 조언은 명령이 될 수 없다. 결정은 자신이 내리고 그 결과에 대한 책임도 스스로 져야 한다.

처음에 네트워크 마케팅을 한다고 했을 때 대부분의 사람들이 성공할 수 없다고 반대를 했다. 지인들의 충고는 실질적인 나의 재정 발전과는 조금도 관계가 없었다. 내 인생의 진로에 대해 나만큼 진지하게 시간을 들여 고민하는 사람은 없다. 절대로 남들처럼 시간과 돈의 노예로 살고 싶지 않았기 때문에 도전해야만 했다. 만일에 성공을 하지 못했다고 치더라도 스스로 결정한 선택이었기에 후회는 없었을 것 같다. 내가 만나고 싶은 사람을 만나고 내 시간과 일정을 스스로 통제하는 이 사업은 최고이다.

네트워크 사업은 가입과 동시에 스스로 오너가 되는 사업이라 주도적인 사람이 잘한다. 처음에는 가르쳐 주지만 파트너를 신뢰하고 그들이 스스로 할 수 있게 안내해야 한다. 네트워크 사업의 특성상 스폰서도 사장님, 파트너도 사장님인 수평 구조다. 스폰서가 아무리 경험이 많더라도 "사장님이라면 어떻게 하겠습니까?"라고 파트너의 의견을 경청해야 한다. 파트너를 신뢰하고 많은 것을 맡겨야 창의성이 개발된다. 수직관계가 아닌 만큼 일도 명령형으로 시키지 말고 상담형이나 요청형으로 부탁해야 한다.

네트워크 사업에서는 '종업원 마인드'를 빨리 바꾸지 않으면 어려움을 겪게 된다. 사업을 하는 이유도 다른 사람의 요청에 의한 것이 아니라 스스로의 선택에서 출발해야 한다. 혼자 하는 일이 아니라 팀원과 함께 하다 보니 남의 일을 하듯이 사업을 하는 사람이 있다. 공동의 목표 아래 함께 하는 일이지만 이 사업으로 성공해야 하는 이유는 제각각이다. 성공자의 마인드를 닮아가고, 지시받는 일 이상의 것을 고민하자. 주도적이고 진취적으로 행동하여 조직의 성장을 도모하자. 정보를 무조건 받아들이지 않고, 스스로 질문하는 습관을 가진 리더가 되어야 한다.

남을 위해 일하는 사람들은 사업자로서 성장이 느리다. 자신의 성공을 위해서 일을 함에도 불구하고 스폰서한테 엄청 생색을 내는 사람이다. 스폰서나 파트너에게 자신이 고생한 것을 생색내는 사람이 있다. 그럴 때마다 '수천만 원, 수억 원을 들여 기업체를 차렸다면 저런 태도로 일에 임할까?'라는 생각을 한다. 시키는 일만 하는 사람, 그마저도 남에게 미루는 사람들이 있다. 두 부류 모두 자유를 얻는 새로운 라이프스타일의 일을 하기에는 적합하지 않다. 네트워크 사업은 시키지 않아도 스스로 계획을 세우고 실천해야 하는 진취적인 사업이다.

스폰서는 도움을 주는 사람이지만 스스로 돕는 자를 돕는다. 말을 시냇가까지는 끌고 갈 수는 있어도 억지로 물을 먹일 수는 없다. 아무것도 하지 않고 남이 알아서 다 해주기를 기대하는 사람이 있다. 그들은 가르쳐 봤자 기억하지도 못할뿐더러 스스로 실행할 의지가 없다. 우는 아기 젖 주는 것처럼 스스로 요구하고 억지로라도 발을 떼야 도움이 된다. 성공하기로 마음을 먹었다면 스폰서 도움은 덤이고 먼저 스스로 해내겠다는 마음가짐을 먹어야 한다.

네트워크 사업은 스폰서의 후원이 절대적인 사업 구조다. 그러나 스폰서의 시간도 제한적이기 때문에 게으른 파트너보다는 성실하게 재빠른 파트너를 더 도와주게 되어 있다. 지도만 보여주면 혼자 길을 찾는 사람이 리더가 될 자격이 있을 것이다. 고기를 직접 잡아줄 스폰서를 바라지 말고 잡는 방법을 터득해야 조직을 이끌 리더로 성장할 수 있다.

20대의 나이에 수십 억대의 건물주가 된 '악동뮤지션'의 멤버 이찬혁의 인터뷰를 보았다. 그는 한번도 정식으로 음악을 배운 일이 없었지만 그 천재성을 방송 프로그램에서 인정받았다. 그는 자신의 꿈을 "남들보다 더 뛰어나고 싶은 것이 아니라 어디에도 없는 나만의 길을 걷고 싶다."라고 말했다. 네트워커도 남들이 가는 길 대신 새로운 길을 개척하는 정신이 필요하다.

네트워크 사업에서 성공하는 사람들은 바른 결정을 내리고, 그 결정을 관리한다. 독립 자영업의 사장이 되는 일인 만큼 남들과 비교를 멈추고 자신의 속도에 맞춰야 한다. 주변의 기준과 속도에 맞추어 내가 원하는 것이 무엇인지 모른 채 끌려 다니기만 하면 끝은 뻔하다.

내 삶의 주인공이 되기 위해 선택한 사업인 만큼 적극적으로 사업을 개척해야 한다. 막연하게 나의 성공을 남들이 만들어 줄 것이라고 기대하지 말고 스스로가 통제할 수 있는 것에 집중하자. 스스로 일정을 짜고, 목표를 세우고 전략을 개발하는 것에 익숙해져야 한다. 주인의식을 가지고 스스로 시도하는 사람이 가장 빨리 성장할 수 있다.

사람이 가장 중요하다

네트워크 사업은 기존 회사와는 달리 다양한 부류의 사람들이 사업자로 합류한다. 일반 회사는 서류 전형과 면접을 통해서 회사의 비전에 맞는 사람들을 분류하고 채용한다. 그러나 네트워크 사업은 여러 사람들이 모이기 때문에 충돌하는 일은 비일비재하다. 무자본 사업의 특성상 서로에 대한 신뢰의 끈도 상당히 얇다. 팀의 와해를 불러일으키는 갈등 유발자를 찾아내고 그들을 대응하는 원칙도 세워야 한다.

도달해야 할 목적지를 결정했으면 그다음으로 정해야 할 사항은 바로 함께 할 승무원이다. 이 사업은 무엇을 하는가도 중요하지만 누구와 함께 할지가 성공의 여부에 끼치는 영향이 크다. 짐 콜린스는 기업 경영에서 가장 중요한 부분은 "누구를 버스에 태울 것인가?"라는 질문이라고 말한다. 명단을 먼저 작성하는 것처럼 '먼저 팀원을 선정하고 그다음에 목표를 설정한다'라고 주장한다. 구성원을 선정하는 일은 '누구와 함께 탈지'의 결정과 함께 '누구를 버스에 내리게 할지'도 결정한다. 네트워크 사업에서 팀 구성원을 선정하는 일은 팀원들 모두에게 큰 영향을 미치는 일이다. 팀의 성공 여부를 좌우할 좋은 팀 구성원 선정은 아주 신중한 일이다.

돈 페일러의 《쇼더플랜》에서는 회원들 유형을 크게 금배, 은배, 빈 배로 나눈다. 저자는 만일에 배에 실린 화물을 현금화할 수 있게 해준다면 어떤 배를 선택하겠냐고 묻는다. 비즈니스 차원으로 보면 당연히 금배를 선택하는 게 맞지만 대부분의 초보들은 빈 배를 선택한다.

나보다 유능한 금배는 후원을 받자마자 특별한 도움 없이 앞으로 성큼성큼 나아간다. 빈 배 유형의 회원은 목표도 없고 명단도 없고 늘 부정적이며 사업자의 힘을 뺀다. 빈 배는 결국은 가라앉는데 주변에 좋지 않은 영향을 끼치며 상대까지도 끌어내릴 수 있다. 사업에 경험이 부족한 사람들은 만만하다는 이유로 처음부터 빈 배를 선택해서 어려움을 겪는다.

이 사업을 하면서 자신이 도와주고 싶은 사람으로만 명단을 채우는 사업자가 가장 안타깝다. 다른 사람을 먼저 만날 것을 권유하면 "꼭 이 사업을 시켜야 하는 가엾은 사람입니다."라고 말한다. 인맥 없는 내가 성공을 한 이유는 나에게 도움을 주고 배울 점이 있는 사람을 유입시켰기 때문이다. 그들은 정말 하나를 가르쳐 주면 열을 해내어서 생산성 면에서 뛰어났다.

팀으로 하는 네트워크 사업은 누구나 기회를 얻을 수 있지만 모두가 함께해야 할 대상은 아니다. 팀이란 공동의 목표를 지닌 두 사람 이상으로 구성된 집단이다. 함께 일하면서 시너지가 나야되는데 오히려 열정을 꺼트리는 팀원들을 만나면 곤란함을 겪는다. 이런 사람들은 팀 전체에 강력한 부정적인 에너지를 퍼트리고 결과적으로 팀의 성과를 낮춘다. 심리학에 의하면 개인의 회원은 조직의 분위기에 이끌려 자신의 태도를 결정하게 된다고 한다. 같은 목표를 함께 하는 여정에서 상식을 벗어난 팀원들을 만나면 전체적으로 혼란을 겪는다. 팀 안에서 만나는 내부 갈등을 유발하는 자는 피해야 하고 때론 단호하게 제거해야 한다.

경험이 많고 정신력이 강한 리더들과는 달리 초보들은 갈등 유발자의 언행에 대부분 영향을 받는다. '나 하나쯤이야'라며 태만한 태도를 보이거나 항상 미루는 사람은 실질적으로 팀에게 피해를 준다. 문제가 생기면 원인을 남에게서 찾고 불평불만을 일삼는 사람은 팀 전체에 부정적인 영향을 미친다. 다른 사람의 물질과 시간을 가져가는 이기적인 사람은 팀에 직접적인 피해를 안길 수 있다.

네트워크 사업자간의 금전적인 교류는 아예 금해야 할 철칙으로 뿌리내려야 한다. 스스로 감정의 통제가 힘든 기복이 심한 사람은 강인한 정신력이 요구되는 이 사업에는 적합하지 않다. 팀원들에게 말을 옮기며 이간질을 일삼는 사람은 무조건 피해야 한다.

여기까지 사업을 해오면서 오만가지 유형의 사람들을 만났다고 해도 과언이 아니다. 한때 기본적인 상식을 벗어난 사람들이 유입되어 팀 전체에 어려움을 겪을 때가 있었다. 사업 지식과 기술은 배우면 되지만 비인지적인 부분을 성인에게 교육으로 전수하는 데 한계가 있었다. 나는 이간질 하는 사람, 돈 거래로 팀 전체에 피해를 주는 사람도 만난 경험이 있다. 그들이 팀을 힘들게 만들 것이라는 것을 몰랐던 것은 아닌데 그 당시 내 욕심이 일을 크게 부풀렸던 것이다.

최근에 성장 마인드 셋, 고정 마인드 셋에 대해 언급하면서 '사람은 변하는가?'라는 의견이 분분하다. 네트워크 사업은 스폰서로부터 월급을 받는 일이 아닌 만큼 성장하려는 자신의 의지가 중요하다. 이미 고유의 프레임이 설립된 성인 자아를 변화시키기란 쉬운 일이 아니다.

상식이 통하지 않는 사람을 계속 만나 설득하는 것은 시간을 잡아먹는 일과 같다. 조직원 전체의 이익이 달린 만큼 문제가 있을 만한 것은 재빨리 감지하고 그 싹부터 자르는 게 낫다. 사람은 기본적으로 자신은 옳은 일을 했다고 믿는 경향이 있어 스폰서의 충고를 잘 받아들이지 못한다. 거듭 충고를 했는데도 변화가 없다면 더 이상의 직접적인 조언은 과유불급이다.

인간관계론에 나오는 사람을 다루는 첫 번째 테크닉은 '꿀을 따려거든 벌집을 차 엎지 마라'이다. 크던 작던지 타인의 아픈 곳을 찌르는 충고는 어떤 사람에게는 분노를 일으켜 사업적으로는 손해이다. '실수하면 알려줘야 개선하지 않겠냐!'라고 생각하면 큰 오산이다. 사람은 논리의 대상이 아니며 모두가 다 스폰서의 조언을 고견으로 받아들이지 않는다. 사람은 자존심에 의해 움직이며 편견으로 가득 찬 감정의 동물이다. 김승호 회장은 '상대방이 요구하지 않았을 때, 조언이나 충고 따위는 하지 마라'라는 말을 남겼다.

그동안 스폰서로부터 크게 충고나 조언을 받은 적이 별로 없다. 나름 알아서 잘 하니까 그런가 하는 우스운 생각을 한때 했었다. 내가 스폰서 입장이 되어 보니 왜 업라인 스폰서들이 충고에 인색했는지 이해할 수 있었다. 아무리 애정을 가지고 상대를 위한 말이라도 조언을 받아들이는 사람은 적었다. 게다가 상식이 통하지 않는 사람은 오히려 충언을 해준 나를 미워하고 위험에 빠트리기까지 했다. 아무리 능력이 있어도 기본적인 것에 크게 벗어난 사람은 피하고 조언도 함부로 남발하지 않는다. 부모로부터 물려받은 기질을 변화시키는 것은 나도 힘들고 상대도 힘들기 때문이다.

인간관계 사업인 네트워크 사업에서 갈등은 자연스러운 것이다. 의견 대립이 있을 때 상식선에서 지혜롭게 중재를 해나가면 더 견고한 조직으로 성장할 수 있다. 간혹 자신의 이익을 위해서 의도적으로 조직에 갈등을 유발하는 사람이 있다. 문제가 생겼을 때 '내가 갈등을 유발하지 않나?'를 돌아보아야 하며 내부의 적은 빨리 정리해야 한다. 기본적인 원칙의 우선순위를 매겨 내가 받아들여야 할 것과 거부해야 할 것의 기준을 세워둔다.

조직 사업에서 가장 위험한 것은 부정적인 감정을 쏟아내는 사람들을 팀으로 받아들이는 것이다. 그들은 다른 사업자까지도 전염시키며 마음이 힘든 약한 사업자를 그만두게 만들 수 있다. 동물이나 사람의 뇌는 나쁜 소식을 우선순위에 두도록 설계되어 있다. 부정적인 언행은 긍정적인 여러 가지 면을 다양한 방식으로 없앤다. 수년간 쌓아올린 조직이 한 사람의 언행으로 무너질 수 있다는 점을 늘 기억해야 한다.